SCHAUM'S OUTLINE OF

SPANISH GRAMMAR

Third Edition

●

Conrad J. Schmitt
Former Editor-in-Chief
Foreign Language Department
McGraw-Hill Book Company

SCHAUM'S OUTLINE SERIES
McGRAW-HILL
New York St. Louis San Francisco Auckland Bogotá Caracas Lisbon
London Madrid Mexico City Milan Montreal New Delhi
San Juan Singapore Sydney Tokyo Toronto

CONRAD J. SCHMITT is former Editor-in-Chief of Foreign Languages, ESL, and bilingual publishing with McGraw-Hill Book Company. Prior to joining McGraw-Hill, Mr. Schmitt taught languages at all levels of instruction, from elementary school through college. He has taught Spanish at Montclair State College, Montclair, New Jersey; French at Upsala College, East Orange, New Jersey; and methods at the Graduate School of Education, Rutgers University, New Brunswick, New Jersey. He also served as Coordinator of Foreign Languages for the Hackensack, New Jersey, Public Schools. In addition to the *Schaum's Outline of Spanish Grammar, 2/e* and *Schaum's Outline of Spanish Vocabulary*, Mr. Schmitt is the author of *Español: Comencemos; Español: Sigamos; the Let's Speak Spanish*, and *A Cada Paso* series. He is also coauthor of *Schaum's Outline of Italian Grammar; Schaum's Outline of Italian Vocabulary; Schaum's Outline of German Vocabulary; McGraw-Hill Spanish: Saludos, Amistades, Perspectivas; McGraw-Hill French: Recontres, Connaissances, Illuminations; Español: A Descubrirlo; Español: A Sentirlo;* and *La Fuente Hispana*. Mr. Schmitt presently devotes his full time to writing, lecturing, and teaching.

Schaum's Outline of
SPANISH GRAMMAR

10 11 12 13 14 15 BAW BAW 9 8 7

ISBN 0-07-055437-4

Sponsoring Editor, John Aliano
Production Supervisor, Louise Karam
Editing Supervisor, Meg Tobin

Library of Congress Cataloging-in-Publication Data
Schmitt, Conrad J.
  Schaum's outline of Spanish grammar.

  (Schaum's outline series)
  Includes index.
  1. Spanish language — Grammar—1950 –   . I. Title.
PC4112.S36   1989   468.2'421   88–27374
ISBN 0–07–055437–4

McGraw-Hill
A Division of The McGraw-Hill Companies

PREFACE

This review book has been designed and developed in order to make the study of Spanish grammar easier for the learner. The book is divided into nine chapters. Each chapter concentrates on the basic problem areas of the language: nouns and articles, adjectives, verbs, negatives, interrogatives, pronouns, and three additional areas related specifically to the Spanish language, **ser** versus **estar, por** versus **para,** and special verb usage.

Each particular grammatical or structural point is introduced by a simple, succinct explanation in English. The explanation is further clarified by many concrete examples. It is recommended that you first read the explanation and then study the illustrative examples. Once you have done this, there is a series of exercises for each point which you can write out in order to practice the particular grammatical point. The best way to learn a language is to practice it—both in oral and written form. The answers to each exercise appear at the end of the book. It is recommended that you correct yourself immediately before proceeding to the next exercise.

One of the most difficult and tedious tasks in acquiring a second language is to learn the many forms that exist in the language, be they noun, adjective, or verb forms. In this book all forms have been logically grouped in order to make their acquisition as simple as possible and also to minimize what at first appear to be irregularities. In many texts, the verbs **dar, ir,** and **estar** are treated as separate irregular verbs in the present tense. You will note, however, that when these three verbs are grouped together they have a great deal in common. Once the first person form (*I*) is learned, they function the same as any regular **-ar** verb.

doy	**das, da, damos, dan**
voy	**vas, va, vamos, van**
estoy	**estás, está, estamos, están**

This can be done with many verbs in all tenses. Making such groupings will greatly facilitate your task of mastering the many forms.

This book can be used as a review text or as a companion to any basic text. In order to reinforce each point you are learning in your basic text, you may wish to get additional practice by doing the clear, logically organized exercises provided throughout the book.

CONRAD J. SCHMITT

CONTENTS

CONTENTS

Chapter *3*   **VERBS**

CONTENTS

CONTENTS

Chapter 1

Nouns and Articles

NOUNS

Nouns Ending in -*o* and -*a*

Singular forms

The Spanish noun, unlike its English counterpart, has a gender. Each noun is either masculine or feminine. Those nouns that refer specifically to a man such as *father, brother,* etc., are masculine. Those nouns that refer specifically to a woman such as *mother, sister,* etc., are feminine. The same is true for animals.

For all other nouns it is necessary to learn the proper gender. The problem is not quite so complex as it may at first appear. Spanish nouns can be classified into gender groups according to their endings. Almost all nouns that end in **-o** are masculine and almost all nouns that end in **-a** are feminine.

Masculine		*Feminine*	
el chico	*boy*	**la chica**	*girl*
el muchacho	*boy*	**la muchacha**	*girl*
el hermano	*brother*	**la hermana**	*sister*
el abuelo	*grandfather*	**la abuela**	*grandmother*
el tío	*uncle*	**la tía**	*aunt*
el gato	*cat*	**la gata**	*cat*
el perro	*dog*	**la perra**	*dog*
el gallo	*rooster*	**la gallina**	*hen*
el mercado	*market*	**la montaña**	*mountain*
el museo	*museum*	**la playa**	*beach*
el pueblo	*town*	**la sala**	*living room*
el centro	*center*	**la cocina**	*kitchen*
el libro	*book*	**la escuela**	*school*

Note that the definite article (*the*) that accompanies a masculine noun is **el. La** accompanies a feminine noun.

1. Complete the following nouns with the appropriate ending.

1. El chic _____ es alto.
2. La montañ _____ es alta.
3. El niñ _____ es pequeño.
4. El mercad _____ es moderno.
5. La escuel _____ es buena.
6. La señorit _____ es alta.
7. El rí _____ es largo.
8. El libr _____ es corto.
9. La novel _____ es corta.
10. La cocin _____ es pequeña.

2. Complete the following sentences with the correct form of the definite article *el* or *la*.

1. _____ chica compra _____ sombrero y _____ joyas en _____ tienda por departamentos.
2. Ella paga _____ cuenta en _____ caja.
3. _____ muchacho prepara _____ comida en _____ cocina.
4. _____ libro, _____ novela, _____ periódico y _____ revista están en _____ mesa.
5. _____ maestra está leyendo _____ cuento a _____ niña en _____ escuela.
6. _____ tío está escribiendo _____ carta en _____ oficina.
7. _____ abuela compra _____ regalo para _____ nieto.
8. _____ iglesia está en _____ plaza en _____ centro del pueblo.
9. _____ cocina, _____ sala, _____ despacho y _____ cuarto de baño están en _____ planta baja de _____ casa.
10. _____ estufa, _____ pila y _____ nevera están en _____ cocina.
11. _____ inodoro, _____ tina (baño) y _____ lavabo están en _____ cuarto de baño.
12. _____ mesero pone _____ vaso, _____ copa, _____ plato, _____ platillo, _____ taza y _____ cucharita en _____ bandeja.

Plural forms

In order to form the plural of nouns ending in **-o** or **-a** an **-s** is added. The plural of **el** is **los** and the plural of **la** is **las**.

3. Complete the following sentences with the correct form of the definite articles **los** or **las**.

1. _____ periódicos, _____ novelas, _____ libros de investigación y _____ enciclopedias están en la biblioteca.
2. _____ cuadros, _____ pinturas, _____ estatuas y _____ artefactos de _____ indios están en _____ dos museos antropológicos de la ciudad.
3. _____ escritorios, _____ máquinas de escribir, _____ archivos y _____ computadoras están en la oficina.
4. _____ médicos, _____ enfermeros, _____ radiólogos y _____ farmacéuticos trabajan en el hospital.
5. _____ ríos y _____ bahías se encuentran en la costa y _____ montañas y _____ mesetas están en el interior.

4. Rewrite the following sentences in the plural according to the model.

El chico es guapo. → Los chicos son guapos.

1. La montaña es alta.
2. El amigo es simpático.
3. La comida es buena.
4. El mercado es antiguo.
5. La señora es conocida.

6. La familia es rica.
7. El museo es fabuloso.
8. El cuarto es pequeño.
9. La tienda es nueva.
10. El campo es inmenso.

Nouns Ending in -*dad*, -*tad*, -*tud*, -*umbre*, -*ción*, -*sión*

All nouns ending in **-dad, -tad, -tud, -umbre, -ción, -sión** are feminine.

la ciudad	*city*
la dificultad	*difficulty*
la actitud	*attitude*
la nación	*nation*
la inversión	*investment*
la muchedumbre	*crowd*

All nouns that end in a consonant form the plural by adding **-es.**

las ciudades
las dificultades
las actitudes
las naciones
las inversiones

Note that the nouns ending in **-ción** and **-sión** drop the written accent in the plural.

5. Complete the following sentences with the appropriate definite article.

1. _____ condición es fatal.
2. _____ nación es rica.
3. _____ ciudad es interesante.
4. _____ cantidad es enorme.
5. _____ calidad es buena.
6. _____ sociedad es primitiva.
7. _____ muchedumbre es grande.
8. _____ lección es difícil.
9. _____ universidad es grande.
10. _____ libertad es importante.

6. Complete the following sentences with the correct form of the indicated word and the definite article.

1. _____ son bonitas. (*canción*)
2. _____ son del estado. (*universidad*)
3. _____ son muy malas. (*condición*)
4. _____ son ricas. (*nación*)
5. _____ son primitivas. (*sociedad*)

Feminine Nouns Beginning with -*a*

Feminine nouns that begin with the vowel **a** take the masculine definite article **el** when the first syllable is stressed. The reason for this is that it would be difficult to pronounce the two vowels together if the feminine definite article **la** were used. Note, however, that in the plural the article **las** is used. The words are always considered feminine, not masculine.

el águila	**las águilas**	*eagle*
el arma	**las armas**	*firearm*
el agua	**las aguas**	*water*
el hacha	**las hachas**	*ax*

Since the letter **h** is silent, the same rule applies for feminine words beginning with **ha.**

7. Complete the following sentences with the correct form of the definite article.

    1. _____ águila pequeña tiene _____ ala rota.
    2. _____ arma de fuego es del agente de policía y _____ hacha es del bombero.
    3. _____ agua salada es del mar y _____ agua dulce es del lago.
    4. _____ hada toca _____ arpa.

8. Rewrite the following sentences in the singular.

    1. Las armas son peligrosas.
    2. Las hadas son ficticias.
    3. Las áreas son enormes.
    4. Las alas son largas.
    5. Las águilas son lindas.
    6. Las amas de casa son trabajadoras.
    7. Las aguas están claras.
    8. Las almas están tristes.

Masculine Nouns Ending in -*a*

There are some masculine nouns that end in **-a.** Many of these are derived from Greek roots. Following is a list of those most commonly used.

el mapa	*map*	**el programa**	*program*
el día	*day*	**el telegrama**	*telegram*
el clima	*climate*	**el drama**	*drama*
el tema	*theme*	**el poema**	*poem*
el sistema	*system*	**el planeta**	*planet*

9. Complete the following sentences with the correct definite article.

    1. _____ mapa indica donde están las montañas, las carreterras etc.
    2. Al empezar _____ programa todos cantan el himno nacional.
    3. _____ clima de una región no cambia de un día a otro pero el tiempo sí.
    4. _____ telegrama llega casi en seguida pero la carta tarda varios días.
    5. _____ poema épico de la literatura española es _____ *Poema de Mío Cid.*
    6. _____ planeta en que vivimos es la tierra.
    7. _____ dramas de Lope de Vega son famosos.

Nouns Ending in -*ista*

You will note that nouns ending in **-ista** refer to professions or political persuasions. They are masculine when referring specifically to a man and feminine when referring specifically to a woman.

el dentista	**la dentista**
el novelista	**la novelista**
el comunista	**la comunista**

10. Complete the following sentences with the appropriate word from the list. Use the correct definite article.

novelista	dentista	periodista
derechista	izquierdista	artista

1. _____ escribe novelas. Es una señora famosa.
2. _____ saca muelas (o dientes). El tiene su consulta en el centro de la ciudad.
3. _____ escribe artículos para el periódico. Es un señor muy interesante.
4. _____ tiene ideas políticas muy conservadoras. El es republicano.
5. _____ tiene ideas políticas muy liberales. Ella es socialista.
6. _____ pinta cuadros. El los tiene expuestos en el Museo Nacional.

Nouns Ending in -e

It is difficult to predetermine the gender of nouns ending in **-e** that do not refer to human beings. It can be said, however, that many, but not all, of these nouns tend to be masculine.

el parque	park	el baile	dance	el aceite	oil
el coche	car	el bosque	forest	el café	coffee, café
el viaje	trip	el cacahuate	peanut	el pie	foot
el postre	dessert	el nombre	name	el deporte	sport
el aire	air	el cine	movie house	el puente	bridge
el arte	art	el accidente	accident	el guisante	pea

Below is a list of some very common nouns that end in **-e** but happen to be feminine.

la calle	street	la llave	key	la fuente	fountain
la clase	class	la noche	night	la gente	people
la fe	faith	la nube	cloud	la parte	part
la leche	milk	la suerte	luck	la tarde	afternoon

To form the plural of nouns ending in **-e** an **-s** is added.

los coches	cars	los postres	desserts	las calles	streets
los parques	parks	las nubes	clouds	las noches	nights

Note that the word **el arte** becomes feminine in the plural.

las bellas artes	fine arts

Nouns ending in **-nte** usually refer to people and they can be used for both genders. However, many Spanish speakers will change **-nte** to **-nta** when speaking about a female. Study the following examples.

el comediante	la comediante	la comedianta
el presidente	la presidente	la presidenta
el sirviente	la sirviente	la servienta
el pariente	la pariente	la parienta
el asistente	la asistente	la asistenta

In the case of the words **estudiante** and **cantante,** it is far more frequent to hear **la estudiante** and **la cantante** (or **la cantatriz**) when speaking about a female.

11. Answer the following questions according to the indicated response.

1. ¿Cómo es el aceite en España? (*importante*)
2. ¿Es nuevo el coche? (*no, viejo*)
3. ¿Dónde está el equipaje? (*en el andén*)
4. ¿Cuándo fue el desastre? (*en 1910*)
5. ¿Cómo está el príncipe? (*bien*)
6. ¿Dónde está el postre? (*en la mesa*)
7. ¿Para quién es el paquete? (*Enrique*)
8. ¿Cuál es el deporte más popular? (*el fútbol*)
9. ¿Es largo el viaje? (*no, corto*)
10. ¿Es feo el paisaje? (*no, bonito*)
11. ¿Dónde está el cine? (*en la esquina*)
12. ¿Cuánto cuesta el pasaje? (*cien dólares*)
13. ¿Es grande el parque? (*no, pequeño*)
14. ¿A qué hora comienza el baile? (*a las diez*)

12. Complete the following sentences with the feminine definite article.

1. _____ gente está en la playa.
2. _____ nave está en alta mar.
3. _____ nubes están en el cielo.
4. El tiene _____ suerte de un rico.
5. No sé dónde está _____ calle Príncipe.
6. El tiene _____ fe de un cura.
7. Ellos vienen por _____ noche.
8. Pasamos _____ tarde aquí.
9. _____ carne es muy cara.
10. _____ leche es buena para la salud.

13. Complete the following sentences with the correct definite article.

1. ¿Cuál es _____ nombre de _____ calle?
2. Hay muchos árboles en _____ bosque.
3. _____ clase no tiene lugar en _____ parque.
4. _____ gente no cruza _____ puente.
5. _____ gente está delante de _____ fuente.
6. _____ fuente en _____ parque se ve muy bonita por _____ noche.
7. _____ baile tiene lugar en _____ Bosque de Chapultepec.
8. No tuvieron _____ accidente con _____ coche durante _____ viaje.

14. Rewrite the following sentences in the plural.

1. El coche es moderno.
2. El viaje es corto.
3. El restaurante es elegante.
4. El paquete es pequeño.
5. La nave es grande.
6. La calle es ancha.
7. El parque es bonito.
8. La carne es buena.
9. El puente es estrecho.
10. La fuente es bonita.
11. El cine es nuevo.
12. El bosque es grande.

Irregular Nouns

The noun **la mano** (*hand*) is a complete exception. Even though it ends in **-o** it is feminine. **La foto** is also feminine since it is a shortened form of **la fotografía** as is **la moto,** which is a shortened form of **la motocicleta.**

15. Complete the following sentences with the appropriate definite article.

1. El tiene _____ mano rota.
2. Saca _____ fotos con su cámara.
3. _____ foto es bonita.
4. El niño siempre tiene _____ manos en el aire.
5. _____ moto que tiene es nueva.

Nouns That Change Gender

In a very few cases, a Spanish noun will change meaning according to its gender. Below is a list of several common nouns that fall into this category.

el cura	*priest*	**la cura**	*cure*
el capital	*capital (investment)*	**la capital**	*capital (city)*
el orden	*order (arrangement)*	**la orden**	*order (command or religious order)*
el cólera	*cholera*	**la cólera**	*anger*
el corte	*cut*	**la corte**	*court*
el coma	*coma*	**la coma**	*comma*
el papa	*pope*	**la papa**	*potato (Latin America)*
el policía	*police officer*	**la policía**	*police department*

16. Complete the following sentences with the appropriate definite article.

1. Los niños tienen que aprender _____ orden alfabético.
2. El me dio _____ orden y tengo que hacer lo que quiere.
3. Ella pertenece a _____ orden que se llama las hermanas del Sagrado Corazón.
4. El tiene que discutir el problema con _____ cura.
5. _____ cura de muchas enfermedades es bastante sencilla.
6. ¿Cuál es _____ capital de España?
7. El no tiene _____ capital para invertir en tal proyecto.
8. _____ policía ha arrestado al ladrón.
9. Han llevado al criminal a _____ policía.
10. _____ papa es el jefe de la Iglesia Católica Romana.
11. Me gustan mucho _____ papas.
12. _____ coma separa una lista de palabras que aparecen en la misma oración.
13. No saben cuánto tiempo estuvo en _____ coma antes de encontrarlo.
14. ¿Quién te dio _____ corte de pelo?
15. Han llevado al criminal a _____ corte.
16. _____ cólera es una enfermedad epidémica.

Compound Nouns

Many compound nouns are formed by using a verb root, adjective, or a preposition with a noun to form one word. Such nouns are always masculine.

el abrelatas	*can opener*
el tocadiscos	*record player*
el rascacielos	*skyscraper*
el guardarropa	*closet*

17. Complete the following sentences with the appropriate definite article.

1. Necesito _____ abrelatas para abrir la lata.
2. ¡Qué magnífico es _____ rascacielos!
3. ¿Dónde está _____ limpiabotas?
4. Está lloviendo. ¿Dónde está _____ paraguas?
5. Abro la botella de vino con _____ sacacorchos.
6. El coche tiene _____ parabrisas roto.
7. Está usando _____ altavoz.
8. Voy a poner la chaqueta en _____ guardarropa.

18. Give the words that are derived from each pair of words.

1. limpiar   botas
2. lavar   platos
3. parar   agua
4. abrir   latas
5. tocar   discos

Diminutives and Augmentatives

Several endings such as **-ito** and **-illo** can be added to Spanish nouns to form what is called the diminutive form of the noun. The meaning of the diminutive may refer to the actual physical size, or it may show some favorable emotional quality on the part of the speaker.

casa	**casita**	*little house*	**perro**	**perrito**	*cute little dog*
vaso	**vasito**	*little glass*	**chica**	**chiquita**	*cute little girl*

Diminutive endings (or affixes) vary greatly in different parts of the Spanish-speaking world. The two most common affixes, however, are **-ito** and **-illo**. Among Cuban speakers the affix **-ico** is also quite common.

If the noun ends in the consonants **-r** or **-n** or the vowel **-e**, the affix **-cito** is generally added.

el ratón	**ratoncito**
el café	**cafecito**

19. Form diminutives of the following nouns using the affix **-ito**.

1. vaso   3. pájaro   5. plato   7. botella
2. casa   4. perra   6. amiga   8. abuela

20. Form diminutives of the following nouns using the affix **-cito**.

1. coche   3. lechón   5. limón
2. café   4. parque   6. ratón

Augmentative forms are less commonly used than diminutive forms. Common augmentative affixes are **-ón** and **-ote.** It is better not to use these forms until one is quite fluent in Spanish; these forms can refer to physical size but they can also have a derogative or pejorative meaning.

THE INDEFINITE ARTICLE

The indefinite articles (*a, an*) in Spanish are **un** for masculine nouns and **una** for feminine nouns.

un libro	**una novela**
un coche	**una nave**
un señor	**una señora**

21. Rewrite the following sentences replacing the definite article with an indefinite article.

1. El quiere leer la novela.
2. Ellos van a comprar el coche.
3. Juan tiene la maleta.
4. Allá vemos el monumento antiguo.
5. Ellos quieren ir a la biblioteca.
6. El señor manda el paquete.
7. Recibimos la carta.
8. El autor escribe el poema.
9. Vamos a pasar la tarde allí.
10. Ellos quieren comprar el disco.

22. Complete the following sentences with the correct indefinite article **un, una.**

1. Ellos van a _____ playa en el sur.
2. Hay _____ vaso de leche en la mesa.
3. Ella tiene _____ coche nuevo.
4. Buenos Aires es _____ ciudad bonita.
5. El trabaja en _____ oficina en _____ capital.
6. Hay _____ mercado en el centro de _____ ciudad.
7. Ella enseña en _____ universidad grande.
8. El tiene _____ cantidad enorme de dinero.
9. Es _____ lección difícil.
10. Es _____ rascacielos magnífico.

Just as feminine nouns that begin with the vowel **a (ha)** take the definite article **el** when the first syllable is stressed, they also take the indefinite article **un.**

un águila
un hacha

23. Complete the following sentences with the correct indefinite article.

1. Hay _____ águila en la jaula.
2. _____ ama de casa trabaja mucho.
3. El águila tiene _____ ala rota.
4. Es _____ área enorme.

USES OF THE DEFINITE ARTICLE

With General or Abstract Nouns

Unlike English, the definite article must be used in Spanish with all general or abstract nouns. Compare the Spanish and English in the following examples.

La leche es buena para la salud.　　*Milk is good for the health.*
Los perros son animales domésticos.　*Dogs are domestic animals.*
El amor es una cosa divina.　　　　*Love is a divine thing.*

24. Complete the following sentences with the appropriate definite article when necessary.

1. _____ tigres y _____ leones son animales salvajes pero _____ perros y _____ gatos son animales domésticos.
2. A _____ niños les gusta _____ leche. _____ leche y _____ legumbres son buenas para la salud. _____ legumbres contienen muchas vitaminas.
3. _____ carbón es un mineral y _____ plata es un metal.
4. _____ esmeraldas y _____ topacios son piedras preciosas.
5. _____ filosofía y _____ psicología son interesantes.
6. _____ verbos españoles tienen terminaciones y _____ adjetivos concuerdan con _____ sustantivos que modifican.
7. _____ verano es mi estación favorita pero mi mujer prefiere _____ primavera.

With Titles

The definite article must be used with titles when talking about someone. However, the article is omitted in direct discourse.

El doctor González es dentista.
La señora Rodríguez es abogada.
«Buenos días, señorita López.»
«¿Cómo está Ud., profesor Hernández?»

25. Complete the following dialogue with the definite articles when necessary.

EL TELÉFONO

—Buenos días. ¿Está _____ doctor Salas, por favor?
—Sí, _____ señora. ¿De parte de quién, por favor.?
—De parte de _____ señora Ochoa.
—Un momentito, _____ señora Ochoa. _____ doctor Salas estará con Ud. en un momento.
—¡Diga!
—Buenos días, _____ doctor Salas.

With Languages

The grammatical rule concerning the use of the definite article with languages is generally as follows: the definite article is used with languages unless the name of the language immediately follows the verb **hablar** or the prepositions **de** and **en**.

Hablo español.　　　　　　　　**El español es un idioma romance.**
Tengo un libro de francés.　　　　**Hablo muy bien el francés.**
El libro está escrito en italiano.　　**Aprendemos el español.**

In present-day speech, however, it is most common to omit the article with languages. You will now hear **Aprendo español.**

26. Complete the following sentences with the definite article when necessary, based on the preceding grammatical rule.

    1. Los alumnos aprenden _____ español en la escuela.
    2. Ellos hablan _____ francés.
    3. Hablan muy bien _____ inglés también.
    4. ¿Dónde está tu libro de _____ latín?
    5. _____ español es un idioma bonito.
    6. El me escribe en _____ francés.

With Days of the Week and Seasons

When the definite article is used with days of the week, it has a special meaning. In this case, the definite article means *on*. Study the following examples.

Lunes es el primer día de la semana.	*Monday is the first day of the week.*
Vamos de compras el martes.	*We are going shopping on Tuesday.*
Ellos siempre vienen los jueves.	*They always come on Thursdays.*
No tenemos clases los sábados.	*We don't have classes on Saturdays.*

The definite article is used with seasons only when discussing the season in a general sense.

    El verano es una estación de calor.
    El invierno es una estación de frío.

Most grammatical rules state that it is necessary to use the definite article after the preposition **en** with seasons. However, in present-day speech it is most common to omit the article. Either of the following examples is correct.

    Hace frío en invierno.
    Hace frío en el invierno.

27. Complete the following sentences with the definite article when necessary.

    1. _____ martes es el segundo día de la semana.
    2. Siempre comemos en un restaurante _____ sábados.
    3. Quiero ir de compras _____ jueves.
    4. _____ primavera es mi estación favorita.
    5. Tenemos clases _____ lunes.
    6. Hace fresco en _____ otoño.
    7. Ellos van a la iglesia _____ domingos.
    8. Mi familia vuelve de Europa _____ miércoles.

28. Answer the following questions.

    1. ¿Qué días de la semana tienes clases?
    2. ¿Cuál es tu día favorito?
    3. ¿Qué día es hoy?
    4. Y mañana, ¿qué día es?
    5. ¿Qué día(s) vas de compras?
    6. ¿Cuáles son los días laborables?
    7. ¿Y cuáles son los días del fin de semana?

With Parts of the Body and Articles of Clothing

With parts of the body and articles of clothing, the definite article is used in Spanish with the reflexive pronoun (see page 117). In English, the possessive adjective rather than the definite article is used. Study the following examples.

Ella se lava las manos antes de comer.	*She washes her hands before eating.*
Y después de comer ella se cepilla los dientes.	*And after eating she brushes her teeth.*

Note also that the noun is often pluralized in English when there is more than one subject. In Spanish, the noun is in the singular. Study the following examples.

Ellos se quitan la chaqueta antes de comer.	*They take off their jackets before eating.*
Y se lavan la cara y las manos.	*And they wash their faces and hands.*

Since each person has only one jacket and one face, the singular rather than the plural form is used in Spanish.

29. Complete the following sentences.

    1. Antes de comer yo me lavo _____ .
    2. Y después de comer yo me cepillo _____ .
    3. Antes de comer mis amigos se lavan _____ .
    4. Y después de comer todos nosotros nos cepillamos _____ .
    5. Cuando hace calor yo me quito _____ .
    6. Y cuando hace frío me pongo _____ .

With Weights and Measures

In Spanish the definite article rather than the indefinite article is used with quantities, weights, and measures. Study the following examples.

Los huevos están a 125 pesos *la* docena.
El biftec está a 500 pesos *el* kilo.
Esta tela cuesta mil pesos *el* metro.

30. Form questions and answers according to the model.

    una lata de atún   500 sucres → ¿Cuál es el precio del atún?   500 sucres la lata

    1. una docena de huevos   120 córdobas
    2. un racimo de rosas   7 australes
    3. un kilo de lomillo   500 pesos
    4. una botella de agua mineral   125 pesetas
    5. un rollo de papel higiénico   1 quetzal

Contractions of the Definite Article

The masculine definite article **el** is contracted with the prepositions **a** (*to*) and **de** (*of, from, about*) to form one word **al, del.** Such a contraction does not take place with the feminine or plural articles.

La mayoría del grupo quiere ir.	*The majority of the group wants to go.*
Van al mercado.	*They are going to the market.*
Vienen de la escuela.	*They are coming from school.*
Van a la escuela.	*They are going to school.*
Hablan de los barcos.	*They are talking about the boats.*
Quieren ir a las fiestas.	*They want to go to the parties.*
Sacan carbón de las minas.	*They take coal from the mines.*
Van a las montañas.	*They are going to the mountains.*

31. Complete the following sentences.

1. Quieren ir _____ montañas.
2. Hablan _____ política.
3. Nosotros vamos _____ playa.
4. No sé nada _____ asunto.
5. Quieren ir _____ juego de fútbol.
6. Vuelven _____ feria.
7. La vista _____ campo es bonita.
8. Los niños van _____ parque.
9. Era el jefe _____ ejército.
10. Es el hermano _____ señor González.

SPECIAL USE OF THE INDEFINITE ARTICLE

In Spanish, unlike in English, the indefinite article is omitted after the verb **ser** (*to be*), when the verb is followed by an unmodified noun.

El señor López es médico.	*Mr. López is a doctor.*
Doña Elvira es profesora.	*Doña Elvira is a teacher.*

However, the indefinite article is almost always used when the noun that follows the verb **ser** is modified.

Cervantes es un autor conocido.	*Cervantes is a famous author.*
Cervantes es un autor que ha tenido mucha fama.	*Cervantes is an author who has had a great deal of fame.*
Cervantes es un autor de mucho renombre.	*Cervantes is an author of great renown.*

32. Complete the following with the appropriate indefinite article when necessary.

1. El doctor González es _____ dentista famoso.
2. El señor Torral es _____ abogado.
3. María es _____ estudiante.
4. Carlos es _____ chico de diecinueve años.
5. La señorita Iglesias es _____ psiquiatra.
6. Carlos es _____ secretario bilingüe que trabaja en nuestra oficina.
7. Juan quiere ser _____ ingeniero.
8. Carlos es _____ alumno que estudia mucho.
9. El doctor Maceo es _____ profesor exigente.
10. Aquel señor es _____ periodista.
11. Aquella señora es _____ periodista muy conocida.
12. El señor López es _____ cocinero muy bueno.

A PERSONAL

The preposition **a** always precedes a direct object in Spanish when the direct object is a person. It is called the *a personal* and is never translated in English.

Veo a Juan.
Miramos al niño.

The *a personal* is not used, however, after the verb **tener**.

Tengo dos hermanos.

33. Complete the following with the *a personal* when it is necessary.

1. Visitamos _____ nuestro abuelo.
2. Vemos _____ el monumento.
3. Conozco _____ doctor González.
4. Miramos _____ la televisión.
5. Tenemos _____ muchos primos.
6. Vemos _____ los niños.
7. Oímos _____ el discurso.
8. La abuela quiere mucho _____ su nieto.

REVIEW

34. Complete the following sentences with the appropriate definite article.

1. _____ abogado trabaja en esta oficina.
2. _____ calidad vale más que _____ cantidad.
3. _____ novelas están en _____ biblioteca.
4. _____ rascacielos está en _____ centro de _____ ciudad.
5. _____ coche está en _____ parque.
6. _____ amistad es importante.
7. _____ programas van a ser interesantes.
8. Voy a comprar _____ abrelatas.
9. _____ nubes están en _____ cielo por _____ noche.
10. _____ productos son del interior del país.
11. _____ ciudad más importante de _____ nación está en _____ costa.
12. No comprendo _____ sistema.
13. _____ tocadiscos no funciona.
14. _____ periodista escribió _____ artículos para _____ periódico.
15. No sé de dónde viene _____ muchedumbre.
16. _____ ama de casa está en _____ cocina.
17. _____ águilas son grandes.
18. _____ civilización de _____ indios es interesante.

35. Complete the following nouns with the appropriate endings.

1. La dent _____ tiene una clínica aquí.
2. El dram _____ es del siglo diez y siete.
3. La canti _____ de gente en las ciu _____ es increíble.
4. El niño tiene la man _____ herida.
5. Esta reg _____ de la na _____ es muy bonita.
6. El coch _____ está en el parqu _____ .
7. El period _____ escribe muchos artículos.
8. El águil _____ tiene un al _____ rota.

36. Give diminutives for the following words.

    1. el niño   5. el café
    2. el coche   6. la cuchara
    3. la casa   7. el parque
    4. el ratón   8. el grano

37. Rewrite the following sentences in the plural.

    1. La cantidad es enorme.
    2. El hada es ficticia.
    3. La ciudad es bonita.
    4. La foto es bonita.
    5. El coche es moderno.
    6. La casa es bonita.
    7. El edificio es alto.
    8. El presidente es viejo.
    9. La amistad es importante.
  10. La civilización es antigua.

38. Complete the following sentences with the correct definite or indefinite article when necessary.

    1. _____ perros son animales domésticos.
    2. _____ carbón es _____ mineral importante.
    3. _____ doctor González es _____ cirujano conocido.
    4. _____ señora Martín no está aquí.
    5. Ellos van a visitar el museo _____ lunes.
    6. El me habla en _____ español.
    7. Buenos días, _____ señor López.
    8. _____ oro es _____ metal precioso.
    9. Ellos siempre están aquí _____ martes.
  10. _____ profesor de _____ inglés habla _____ francés también.
  11. _____ señora Iglesias es _____ abogada.
  12. _____ ciencias son importantes.

Chapter 2

Adjectives

ADJECTIVES ENDING IN *-O*

Many of the most common Spanish adjectives end in **-o.** Each adjective must agree with the noun it modifies. Adjectives that end in **-o** have four forms. Study the following.

el mercado moderno   los mercados modernos
la casa moderna   las casas modernas
el puente bonito   los puentes bonitos
la fuente bonita   las fuentes bonitas

Note that descriptive adjectives follow the noun in Spanish. Below is a list of some commonly used adjectives.

agrio	sour	extranjero	foreign
agudo	sharp	feo	ugly
alto	tall	frío	cold
amargo	bitter	gordo	fat
amarillo	yellow	hermoso	beautiful
ancho	wide	largo	long
barato	cheap	limpio	clean
blanco	white	loco	crazy
bonito	pretty	malo	bad
bueno	good	moderno	modern
caro	expensive	mucho	much, many
cómodo	comfortable	negro	black
corto	short	rico	rich
delgado	thin	rojo	red
delicioso	delicious	sucio	dirty
duro	hard	viejo	old
estrecho	narrow		

1. Complete the following sentences with the appropriate form of the indicated adjective.

1. La blusa no es _____ ; es _____ . (*caro, barato*)
2. Las calles son _____ ; no son _____ . (*estrecho, ancho*)
3. El niño es _____ ; no es _____ . (*bueno, malo*)
4. Ella prepara una comida _____ . (*delicioso*)
5. ¿Quiénes son los muchachos _____ ? (*delgado*)
6. Ellos van a hacer un viaje _____ . (*corto*)
7. Los mercados son _____ ; no son _____ . (*moderno, antiguo*)
8. La bandera es _____ y _____ . (*blanco, amarillo*)
9. Los señores son _____ y _____ . (*alto, gordo*)
10. La flor es muy _____ . (*bonito*)
11. Tienen una cocina _____ ; no _____ . (*limpio, sucio*)
12. El muchacho es _____ ; no es _____ . (*guapo, feo*)
13. Las faldas son _____ y _____ . (*rojo, negro*)
14. La casa no es _____ . (*pequeño*)
15. Las sillas son _____ . (*cómodo*)

2. Rewrite the story changing **Roberto** to **Juanita**.

Roberto es un muchacho alto. No es gordo pero tampoco es delgado. Es un muchacho bastante guapo. Es rubio. El es un alumno bueno. Es bastante estudioso. Y es también muy aficionado a los deportes. Es muy atlético.

ADJECTIVES ENDING IN -*E*

Many adjectives end in the vowel **-e.** Such adjectives have only two forms, singular and plural. To form the plural of an adjective ending in **-e,** an **s** is added.

el campo grande   **los campos grandes**
la casa grande   **las casas grandes**

Below is a list of commonly used adjectives that end in **-e.**

elegante	*elegant*	**impresionante**	*impressive*
enorme	*enormous*	**inteligente**	*intelligent*
excelente	*excellent*	**interesante**	*interesting*
fuerte	*strong*	**pobre**	*poor*
grande	*big*	**triste**	*sad*
humilde	*humble*	**verde**	*green*
importante	*important*		

3. Complete the following sentences with the appropriate form of the indicated adjective.

1. Los campos son _____ . (*verde*)
2. La universidad es _____ . (*grande*)
3. Las casas son _____ . (*impresionante*)
4. Los señores son _____ . (*pobre*)
5. Los chicos son muy _____ . (*inteligente*)
6. El pueblo es _____ . (*humilde*)
7. La familia está muy _____ . (*triste*)

8. El artículo es _____ . (*interesante*)

9. Las comidas son _____ . (*excelente*)

10. El hombre es _____ . (*fuerte*)

4. Complete the following paragraphs with the correct forms of the indicated adjectives.

Ella vive en una casa _____ (*elegante*). Los cuartos de la casa son _____ (*enorme*). Tiene una sala _____ (*impresionante*). Detrás de la casa hay un patio _____ (*grande*) con muchas plantas y árboles _____ (*verde*). Un perro _____ (*fuerte*) sirve de guardián para la casa. Esta casa _____ y _____ (*grande, elegante*) no se encuentra en ningún barrio _____ (*humilde*) de la ciudad.

Pero no toda la ciudad es así. En las afueras hay muchos barrios _____ (*humilde*) donde viven las familias _____ (*pobre*). Las casas de estos barrios o vecindades _____ (*pobre*) son de madera con techos de zinc o de hojalata. Son bastante _____ (*deprimente*).

ADJECTIVES ENDING IN CONSONANTS

Most adjectives ending in a consonant have only two forms, singular and plural. To form the plural of an adjective ending in a consonant, **-es** is added.

el chico popular   **los chicos populares**
la chica popular   **las chicas populares**

5. Rewrite the following sentences in the plural according to the model.

La bandera es azul. → Las banderas son azules.

1. La lección es fácil.
2. El campo es fértil.
3. La nube es gris.
4. El deporte es popular.
5. La profesora es joven.

6. Complete the following sentences with the appropriate form of the indicated adjective.

1. El cielo es _____ . (*azul*)
2. Los campos son _____ . (*fértil*)
3. Aquella chica _____ es mi sobrina. (*joven*)
4. Las heridas resultaron _____ . (*fatal*)
5. Queremos pasar una semana en una isla _____ . (*tropical*)
6. Estas lecciones son _____ . (*fácil*)
7. La señora tiene una falda _____ y un sombrero _____ . (*azul, gris*)
8. Ella es muy _____ . (*feliz*)
9. Los deportes son muy _____ en los EE. UU. (*popular*)
10. El tiene un puesto _____ . (*militar*)

7. Complete the following paragraphs with the correct forms of the indicated adjectives.

Teresa es una muchacha _____ (*joven*). Ella es una persona _____ (*feliz*). Ella tiene ojos _____ (*azul*). Ella tiene muchos amigos. Ella es muy _____ (*popular*). Sus hermanos son _____ (*popular*) también.

Teresa y sus hermanos viven en una isla _____ (*tropical*). Un sol
_____ (*fuerte*) brilla todos los días en el cielo _____ (*azul*).
Casi nunca se ven nubes _____ (*gris*) en el cielo y no llueve casi nunca.

ADJECTIVES OF NATIONALITY

Many adjectives of nationality end in **-o.** These adjectives function the same as any regular **-o** adjective and have four forms.

el mercado mexicano   **los mercados mexicanos**
la ciudad mexicana   **las ciudades mexicanas**

Many other adjectives of nationality end in a consonant. Unlike regular adjectives ending in a consonant, they also have four forms. Note that the adjectives that end in **-s** or **-n** carry a written accent in the masculine singular.

un señor inglés   **unos señores ingleses**
una señora inglesa   **unas señoras inglesas**

el muchacho español   **los muchachos españoles**
la muchacha española   **las muchachas españolas**

8. Complete the following sentences with the appropriate form of the indicated adjective.

    1. María es _____ . (*americano*)
    2. Los chicos son _____ . (*panameño*)
    3. Enrique es _____ . (*italiano*)
    4. Mi amiga es _____ . (*cubano*)
    5. Los quesos son _____ . (*suizo*)
    6. Las estatuas son _____ . (*griego*)
    7. El avión es _____ . (*peruano*)
    8. Teresa es _____ . (*puertorriqueño*)
    9. Los turistas son _____ . (*escandinavo*)
  10. Las compañías son _____ . (*americano*)

9. Complete the following sentences with the appropriate form of the indicated adjective.

    1. Carlos es _____ . (*alemán*)
    2. Las bolsas son _____ . (*francés*)
    3. Los señores son _____ . (*inglés*)
    4. Mi madre es _____ . (*irlandés*)
    5. Carmen es _____ . (*catalán*)
    6. Los vinos son _____ . (*portugués*)
    7. Las canciones son _____ . (*japonés*)
    8. Ellos son _____ . (*español*)
    9. Los cigarrillos son _____ . (*francés*)
  10. Las mercancías son _____ . (*alemán*)

10. Answer the following questions according to the model.

> **¿Son de Portugal los chicos?** → **Sí, los chicos son portugueses.**

1. ¿Es de Panamá María?   5. ¿Es de Colombia el café?
2. ¿Son de Irlanda los amigos?   6. ¿Son de México los médicos?
3. ¿Son de España las estatuas?   7. ¿Es de Inglaterra la chica?
4. ¿Es de Alemania Carlos?   8. ¿Son de Francia los vinos?

SPECIAL ADJECTIVES ENDING IN A CONSONANT

As we have already learned, almost all adjectives ending in a consonant have only two forms, singular and plural.

un documento oficial   **dos documentos oficiales**
una regla principal   **dos reglas principales**

However, adjectives ending in **-án, -ón, -or,** or **-ín** follow the same pattern as adjectives of nationality ending in a consonant. They too have four forms.

un señor holgazán   *a lazy man*   **esos señores holgazanes**   *those lazy men*
una señora holgazana   *a lazy woman*   **esas señoras holgazanas**   *those lazy women*

Several commonly used adjectives that fall into this category are:

burlón	*mocking*
charlatán	*gabby*
chiquitín	*tiny*
encantador	*charming*
hablador	*talkative*
holgazán	*lazy*
preguntón	*inquisitive*
trabajador	*hard working*

11. Complete the following sentences with the correct form of the indicated adjective.

holgazán

1. Ella es muy _____ .
2. Su marido es _____ también.
3. Los hijos también son _____ .
4. Toda la familia es _____ .

hablador

5. El es muy _____ .
6. Su esposa y su cuñada son muy _____ .
7. Y todos los hijos son _____ .
8. Toda la familia es _____ .

Note that the adjectives **anterior, exterior, inferior, mejor, posterior, superior, ulterior** have only two forms. **Superior** takes an **-a** in the expression **la madre superiora** (*Mother Superior*).

12. Complete the following sentences with the appropriate adjective from the list.

encantador	**holgazán**
preguntón	**superior**
trabajador	**mejor**

1. El es un tipo _____ . Es muy simpático y tiene una personalidad fantástica.
2. Pero desgraciadamente sus hijos son bastante _____ . No les gusta trabajar.
3. Es una lástima porque la madre de los jóvenes es muy _____ . Ella trabaja unas diez horas al día.
4. La madre _____ es la directora de la _____ escuela _____ de la ciudad.

APOCOPATED ADJECTIVES

Several adjectives have a shortened form in the masculine singular. These adjectives are:

bueno	**un buen chico**
malo	**un mal chico**
primero	**el primer señor**
tercero	**el tercer libro**
alguno	**algún dinero**
ninguno	**ningún talento**

Note that the adjectives **alguno** and **ninguno** carry a written accent in the shortened form. All other forms of these adjectives are regular.

una buena chica
una mala idea
la primera página
algunas condiciones

The adjective **grande** also has a shortened form in both the masculine and feminine singular. When the shortened form is used, however, it conveys the meaning of *famous* or *great* rather than *big* or *large*.

un gran hombre	*un hombre famoso*
una gran mujer	*una mujer famosa*

The number *100* (**ciento**) is also shortened to **cien** before both masculine and feminine nouns.

cien libros
cien páginas

13. Complete the following sentences with the appropriate form of the indicated adjective.

1. Hoy tenemos la _____ lección. (*tercero*)
2. El es un _____ chico. (*bueno*)
3. No lleva _____ dinero. (*ninguno*)

   4. El señor tiene _____ ideas. (*bueno*)

   5. Es el _____ libro que escribe el autor. (*tercero*)

   6. Ellos no tienen _____ esperanza. (*ninguno*)

   7. María tiene una _____ fotografía. (*bueno*)

   8. El tiene _____ opiniones de la situación. (*malo*)

   9. Cervantes fue un _____ autor. (*grande*)

  10. Ellos tienen _____ idea de la situación. (*alguno*)

  11. Enrique es su _____ hijo. (*primero*)

  12. Ella es una _____ señora. (*grande*)

  13. Hay _____ alumnos en la escuela. (*ciento*)

  14. El libro tiene _____ páginas. (*ciento*)

14. Complete the following paragraph with the correct forms of the indicated adjectives.

La novela de este _____ (*grande*) novelista tiene más de mil páginas. El _____ (*primero*) capítulo del libro tiene más de _____ (*ciento*) páginas. Es la _____ (*tercero*) novela que él ha escrito. El protagonista es un _____ (*malo*) tipo que no tiene _____ (*ninguno*) talento.

ADJECTIVES OF COLOR

The words used to express colors in Spanish can be divided into two groups. The meaning of certain words such as **blanco, gris, verde, rojo, amarillo, azul** is the color itself. Since these words are adjectives, they agree with the noun they modify—the same as any other adjective.

However, many words used in Spanish to express colors refer to something else such as a flower, fruit, or mineral and convey the meaning of the color of the flower, fruit, or mineral. Some examples are:

	Meaning	Color
naranja	*orange*	*orange*
café	*coffee*	*light tan*
marrón	*chestnut*	*brown*
rosa	*rose*	*pink*
vino	*wine*	*reddish purple*
violeta	*violet*	*purple*

Such words as those listed above can be used with the expression **(de) color (de).** Note too that with each of these the preposition **de** is optional. One could say any of the following:

   flores de color de rosa ⎫
   flores de color rosa ⎬ *or*   **flores rosa**
   flores color de rosa ⎭

Note that these words do not agree with the noun they modify. They are invariable. This means they do not change according to number and gender.

   pantalones rosa
   pantalones marrón
   pantalones violeta
   pantalones café
   panatalones naranja

The preceding words never agree in gender. With the word **marrón,** however, you will some-times hear and see an agreement in number, singular vs. plural.

pantalones marrón *or* **pantalones marrones**

Colors are often modified by another word in expressions such as navy blue, light blue, dark blue or bright blue. Whenever a color is modified by another word, it becomes invariable. It does not agree with the noun it modifies in either gender or number. Study the following examples.

una blusa azul marino	**pantalones azul marino**
una blusa azul claro	**pantalones azul claro**
una blusa azul oscuro	**pantalones azul oscuro**
una blusa azul vivo	**pantalones azul vivo**

15. Complete the following sentences with the color indicated.

1. El quiere comprar pantalones _____ . (*beige*)
2. Los pantalones _____ juegan muy bien con una camisa _____ . (*beige, marrón*)
3. La verdad es que el beige juega muy bien con una camisa _____ y una corbata _____ . (*azul claro, vino*)
4. A María le encantan las blusas _____ . (*rosa vivo*)
5. Y a su hermana le gustan más las blusas _____ . (*azul claro*)
6. Ella dice que las blusas _____ juegan muy bien con una falda _____ . (*azul claro, azul marino*)
7. Ramón ha decidido que no quiere zapatos _____ . (*negro*)
8. Va a comprarse un par de zapatos _____ . (*marrón*)

Note that when used as a noun, the color is masculine.

Me gusta mucho el (color) rosa claro.
Pero no me gustan tanto ni el naranja ni el violeta.

COMPARATIVE OF ADJECTIVES

To form the comparative of adjectives (*more, -er*) the construction **más...que** is used.

Carlos es más alto que Enrique.	*Charles is taller than Henry.*
Elena es más inteligente que su hermana.	*Ellen is more intelligent than her sister.*

You will note that the **más...que** construction can also be used with nouns and adverbs.

Yo tengo más dinero que él.	*I have more money than he.*
El avión va más rápido que el tren.	*The plane goes more rapidly than the train.*

When the comparative is followed by a number **más de** rather than **más que** is used.

Tengo más de dos dólares.	*I have more than two dollars.*
Ellos cobran más de doscientas pesetas.	*They charge more than two hundred pesetas.*

Note, however, that when the sentence is in the negative, **más que** and not **más de** is used with numbers.

No tengo más que dos dólares.   *I don't have more than two dollars.*
Ellos no cobran más que doscientas pesetas.   *They don't charge more than two hundred pesetas.*

16. Complete the following sentences with the appropriate words for the comparative.

   1. Carlos es _____ alto _____ su hermano.
   2. Elena es _____ alta _____ su amiga.
   3. El señor González tiene _____ dinero _____ yo.
   4. Los Andes son _____ altos _____ los Pirineos.
   5. Ellos tienen _____ suerte _____ nosotros.
   6. Este grupo es _____ inteligente _____ el otro.
   7. El gato corre _____ rápido _____ el perro.
   8. Ella tiene _____ paciencia _____ yo.
   9. Hay _____ edificios en el centro _____ en las afueras.
   10. Este pueblo es _____ grande _____ el otro.
   11. Bogotá tiene _____ habitantes _____ Medellín.
   12. Mi prima lee _____ libros _____ yo.

17. Form sentences according to the model.

   Carlos es alto.   Juan no es alto. → Carlos es más alto que Juan.

   1. Teresa es alta. Su hermana no es alta.
   2. Carlos tiene dinero. Paco no tiene dinero.
   3. Esta casa es grande. La otra casa no es grande.
   4. Rhode Island es pequeño. Texas no es pequeño.
   5. Isabel es rica. Su prima no es rica.

18. Complete the following sentences with the appropriate words for the comparative.

   1. Ellos tienen _____ _____ dos mil dólares en el banco.
   2. No puedo gastar _____ _____ diez dólares por el regalo.
   3. Ella escribió _____ _____ cincuenta libros.
   4. Esta novela tiene _____ _____ mil páginas.
   5. No necesito _____ _____ cien pesos.

SUPERLATIVE OF ADJECTIVES

   The superlative (*most, -est*) is formed by using the word **más** and the appropriate definite article. Note that the superlative is followed by the word **de**.

   Juan es el (chico) más inteligente de la clase.   *John is the most intelligent (boy) in the class.*
   Nueva York es la ciudad más grande de los Estados Unidos.   *New York is the largest city in the United States.*
   Carlos y Juan son los más altos de la familia.   *Charles and John are the tallest in the family.*
   Elena y Teresa son las más altas del grupo.   *Ellen and Theresa are the tallest in the group.*

19. Complete the following sentences with the appropriate words for the superlative.

    1. Santiago es _____ ciudad _____ grande _____ Chile.
    2. Carmen es _____ chica _____ inteligente _____ todas.
    3. Este hotel es _____ elegante _____ la ciudad.
    4. Ellos son _____ chicos _____ altos _____ la clase.
    5. El señor González es _____ hombre _____ importante _____ la compañía.
    6. El azúcar es _____ producto _____ importante _____ país.
    7. Estos pueblos son _____ _____ antiguos _____ la nación.
    8. Esta señora es _____ _____ simpática _____ todas.
    9. Este banco es _____ _____ conocido _____ todos.
    10. Aquella chica es _____ _____ trabajadora _____ todas.

20. Form sentences from the following.

    1. Barcelona / ser / puerto / importante / España
    2. Madrid / tener / habitantes / Barcelona
    3. Los Pirineos / ser / montañas / altas / España
    4. El río Tajo / ser / largo / río Guadalquivir
    5. Andalucía / ser / grande / Asturias

IRREGULAR COMPARATIVES AND SUPERLATIVES

The adjectives **bueno, malo, grande,** and **pequeño** have irregular forms for the comparative and superlative.

bueno	**mejor**
malo	**peor**
grande	**mayor**
pequeño	**menor**

In the comparative these words are used without the article. The appropriate article is used for the superlative.

Este libro es mejor (peor) que el otro.	*This book is better (worse) than the other.*
Este libro es el mejor (peor) de todos.	*This book is the best (worst) of all.*
Estas novelas son las mejores (peores) de todas.	*These novels are the best (worst) of all.*

The words **mayor** and **menor** express the meaning of age rather than size.

Juan es mayor que su hermano.	*John is older than his brother.*
María es la menor de la familia.	*Mary is the youngest in the family.*

In order to convey the meaning of size, **grande** and **pequeño** are used.

Este perro es más grande que el otro.	*This dog is bigger than the other.*
Carlos es el más pequeño de la familia.	*Charles is the smallest in the family.*

21. Complete the following sentences with the appropriate words.

1. Este libro es bueno. Es _____ _____ el otro pero no es _____ _____ _____ todos.
2. Esta novela es mala. Es aún _____ _____ la otra pero no es _____ _____ _____ todas.
3. Doña Carmen es vieja. Es _____ _____ su prima pero no es _____ _____ _____ la familia.
4. Carlitos es joven. Es _____ _____ su hermano pero no es _____ _____ _____ la familia.

22. Complete the following sentences with the appropriate form of the comparative or superlative according to the indicated expression.

1. Carlos es _____ _____ su hermano. (*Tiene menos años.*)
2. Paquito es _____ _____ _____ la familia. (*Tiene menos años.*)
3. Estos libros son _____ _____ _____ todos. (*Tienen más valor.*)
4. Esta novela es _____ _____ la otra. (*Tiene menos valor.*)
5. María y Elena son _____ _____ _____ la clase. (*Tienen menos años.*)
6. Mi abuelo es _____ _____ mi tío. (*Tiene más años.*)
7. Estas bibliotecas son _____ _____ las otras. (*Tienen más valor.*)
8. Este cuadro es _____ _____ del museo. (*Tiene menos valor.*)

ADJECTIVES WITH -*ISIMO*

The suffix **-ísimo** can be added to adjectives to give a superlative connotation. It gives to the adjective the meaning *most* or *very*.

guapo	*handsome*	**guapísimo**	*most handsome*
alto	*tall*	**altísimo**	*most tall*
rico	*rich*	**riquísimo**	*very rich*
pobre	*poor*	**pobrísimo**	*very poor*
popular	*popular*	**popularísimo**	*most popular*

Note that the adjective with **-ísimo** has four forms and agrees with the noun it modifies.

un señor guapísimo
una familia riquísima
un chico pobrísimo
una canción popularísima

23. Rewrite the following sentences according to the model.

Es un señor muy guapo. → Es un señor guapísimo.

1. Es un trabajo muy difícil.
2. Aquel señor es muy generoso.
3. La canción es muy popular aquí.
4. Aquellos perros son muy feos.
5. Aquella señora es muy rica.
6. La catedral es muy antigua.
7. Su teoría es muy liberal.
8. El es de una familia muy pobre.

COMPARATIVE OF EQUALITY

The comparative of equality means that two items being compared have equal characteristics (*as…as*). In Spanish the words **tan…como** are used.

Juan es tan guapo como su hermano.	*John is as good looking as his brother.*
María es tan bonita como su hermana.	*Mary is as pretty as her sister.*
Estos libros son tan buenos como los otros.	*These books are as good as the others.*
Estas sillas son tan cómodas como las otras.	*These chairs are as comfortable as the others.*

24. Complete the following sentences with the appropriate words to express the comparative of equality.

    1. Estas servilletas están _____ limpias _____ las otras.
    2. Carlos es _____ rico _____ su hermano.
    3. Las montañas de Italia son _____ altas _____ las de España.
    4. Esta playa es _____ bonita _____ la otra.
    5. El señor Gómez es _____ inteligente _____ el señor López.
    6. Estos libros son _____ interesantes _____ los otros.
    7. Este museo es _____ famoso _____ el otro.
    8. María es _____ simpática _____ su amiga.
    9. Esta playa es _____ conocida _____ la otra.
    10. El es _____ holgazán _____ su hermano.

Comparative of Equality with Nouns

The comparative of equality can also be expressed with nouns (*as many…as*). In Spanish the words **tanto…como** are used. Note that **tanto** agrees with the noun it modifies.

Carlos tiene tanto dinero como María.	*Charles has as much money as Maria.*
Ella tiene tanta paciencia como él.	*She has as much patience as he.*
Esta biblioteca tiene tantos libros como la otra.	*This library has as many books as the other.*
Este museo tiene tantas estatuas como el otro.	*This museum has as many statues as the other.*

25. Complete the following sentences with the correct form of **tanto…como.**

    1. El come _____ vegetales _____ carne.
    2. Ella tiene _____ dinero _____ su prima.
    3. El prepara _____ comidas _____ su hermana.
    4. Yo leo _____ libros _____ él.
    5. El recibe _____ cartas _____ yo.
    6. Estas minas producen _____ carbón _____ las otras.

26. Form sentences according to the model.

    Juan tiene dos libros.   Carlos tiene dos libros. → Juan tiene tantos libros como Carlos.

1. El niño tiene helado. La niña tiene helado.
2. El escribió novelas. Su amigo escribió novelas.
3. Tomás lee libros. Enrique lee libros.
4. Esta señora gana dinero. La otra señora gana dinero.
5. Yo recibo cartas. María recibe cartas.
6. Hay cuchillos en la mesa. Hay cucharas en la mesa.
7. María compra vestidos. Carmen compra vestidos.
8. El señor come ensalada. La señora come ensalada.

CARDINAL NUMBERS

The cardinal numbers in Spanish are as follows:

1	uno	*11*	once	*21*	veintiuno (veinte y uno)
2	dos	*12*	doce	*22*	veintidós
3	tres	*13*	trece	*23*	veintitrés
4	cuatro	*14*	catorce	*24*	veinticuatro
5	cinco	*15*	quince	*25*	veinticinco
6	seis	*16*	dieciséis (diez y seis)	*26*	veintiséis
7	siete	*17*	diecisiete	*27*	veintisiete
8	ocho	*18*	dieciocho	*28*	veintiocho
9	nueve	*19*	diecinueve	*29*	veintinueve
10	diez	*20*	veinte	*30*	treinta

Note that the numbers *16* through *29* are usually written as one word. Compound numbers from *31* to *99* are written as two words.

31	treinta y uno
42	cuarenta y dos
53	cincuenta y tres
64	sesenta y cuatro
75	setenta y cinco
86	ochenta y seis
97	noventa y siete

For the compounds of **ciento** note the spelling for **quinientos, setecientos,** and **novecientos.**

100	ciento (cien)	*600*	seiscientos
200	doscientos	*700*	setecientos
300	trescientos	*800*	ochocientos
400	cuatrocientos	*900*	novecientos
500	quinientos	*1000*	mil

Note that **y** is used only between the tens and unit digits.

134	ciento treinta y cuatro
255	doscientos cincuenta y cinco
568	quinientos sesenta y ocho
789	setecientos ochenta y nueve
999	novecientos noventa y nueve

Note that the word **mil** is never pluralized.

2000	**dos mil**
5000	**cinco mil**
9000	**nueve mil**
1011	**mil once**
1492	**mil cuatrocientos noventa y dos**
1784	**mil setecientos ochenta y cuatro**
1812	**mil ochocientos doce**
1979	**mil novecientos setenta y nueve**

The word **mil** is never preceded by **un.** However, **un** is used with **millón. Millón** is also pluralized.

un millón	**un billón**
dos millones	**cuatro billones**
cinco millones	**ocho billones**

27. Write the following numbers in Spanish.

1. *7*	12. *109*
2. *14*	13. *126*
3. *19*	14. *529*
4. *25*	15. *634*
5. *33*	16. *711*
6. *47*	17. *959*
7. *52*	18. *2000*
8. *61*	19. *1898*
9. *79*	20. *1942*
10. *84*	21. *1,000,000*
11. *99*	22. *2,000,000*

ORDINAL NUMBERS

The ordinal numbers in Spanish are:

primero	**sexto**
segundo	**séptimo**
tercero	**octavo**
cuarto	**noveno**
quinto	**décimo**

The ordinal numbers are less frequently used in Spanish than in English. The ordinal numbers beyond the tenth (**décimo**) are very seldom used.

Pedro segundo
Carlos quinto
Alfonso trece
Luis catorce

Note that **primero** and **tercero** are shortened before a masculine singular noun.

el primer libro   **la primera novela**
el tercer artículo   **la tercera página**

FORMATION OF NOUNS FROM ADJECTIVES

Adjectives can be converted into nouns by using the definite article with the adjective.

El joven lo sabe.   *The young man knows it.*
Los ricos no sufren.   *The rich don't suffer.*
Las pequeñas juegan en el parque.   *The little ones play in the park.*

28. Make the following adjectives nouns according to the model.

los señores ricos → los ricos

1. el chico alto
2. los alumnos inteligentes
3. la chica colombiana
4. los señores pobres
5. las señoras famosas
6. los hombres españoles
7. las mujeres alemanas
8. el chico joven
9. el niño pequeño
10. el campesino viejo
11. la muchacha rubia
12. el señor delgado

POSSESSIVE ADJECTIVES

Possessive adjectives are used to denote ownership or possession. The following possessive adjectives **mi** (*my*), **tu** (*your*), and **su** (*your, his, her, their*) have only two forms, singular and plural.

mi libro   **mis libros**
mi camisa   **mis camisas**
tu sombrero   **tus sombreros**
tu blusa   **tus blusas**
su coche   **sus coches**
su casa   **sus casas**

Although **su** can mean *his, her, their,* or *your* (*formal*), the exact meaning is usually clear from the context of the sentence.

María busca su cuaderno.   *Mary is looking for her notebook.*

However, if the meaning is not clear from the context of the sentence, a prepositional phrase is used.

> **María busca el cuaderno de él.**   *Mary is looking for his notebook.*

Below are the possible phrases that can be made from the adjective **su.**

su sombrero	*el sombrero de María, el sombrero de Juan, el sombrero de ella, el sombrero de él, el sombrero de Ud.*
su revista	*la revista de María y Elena, la revista de Juan y Jorge, la revista de ellas, la revista de ellos, la revista de Uds.*

The possessive adjective **nuestro** (*our*) has four forms.

nuestro coche	**nuestros coches**
nuestra casa	**nuestras casas**

The possessive adjective **vuestro** (*your*) also has four forms. However, this adjective is used only in Spain as it refers to the **vosotros** subject which is used in addressing two or more friends. This form is not used in the Latin American countries.

29. Complete the following sentences with the appropriate possessive adjective.

    1. Quiero leer (*your, fam.*) _____ libro.
    2. Ellos quieren ver (*your, fam.*) _____ regalos.
    3. María tiene (*your, fam.*) _____ revista.
    4. Carlos busca (*your, fam.*) _____ maletas.
    5. Mi madre tiene (*my*) _____ cartera.
    6. Carlos quiere comprar (*my*) _____ coche.
    7. ¿Dónde están (*my*) _____ libros?
    8. (*My*) _____ maletas están en el avión.
    9. María va con (*her*) _____ padre.
    10. Carlos habla con (*his*) _____ madre.
    11. Elena quiere vender (*her*) _____ discos.
    12. Ellos tienen (*their*) _____ cámara.
    13. Los Gómez no saben dónde están (*their*) _____ amigos.
    14. ¿Tiene Ud. (*your*) _____ pasaporte, señor González?
    15. ¿Dónde están (*your*) _____ billetes, señora López?
    16. (*Our*) _____ casa está en California.
    17. (*Our*) _____ primos viven en Venezuela.
    18. Tenemos que escribir a (*our*) _____ abuelo.

30. Rewrite the following sentences using the possessive adjective **su.**

    1. El libro de Juan está en la mesa.
    2. Las maletas del señor López están en el andén.
    3. El sombrero de María es nuevo.
    4. La ropa de los niños está sucia.
    5. Los billetes de Ud. están aquí.

31. Answer the following questions.

    1. ¿Tienes tu pasaporte?
    2. ¿Tienes tu libro de español?

3. ¿Tienes tus cuadernos?
4. ¿Tienes tu cartera?
5. ¿Tienen Uds. sus libros?
6. ¿Tienen Uds. sus maletas?
7. ¿Visitan Uds. a su madre?
8. ¿Visitan Uds. a su padre?
9. ¿Ve el señor López a sus hijos?
10. ¿Ve la señora Romero a su hija?

DEMONSTRATIVE ADJECTIVES

The demonstrative adjective *this* in Spanish is **este.** The adjective **este** has four forms.

este vaso	**estos vasos**
esta mesa	**estas mesas**

In Spanish there are two ways to express the demonstrative adjective *that.* **Ese** is used when the object is near the person spoken to but not the speaker.

Ese libro que tiene Ud. es interesante.   *That book that you have is interesting.*

Aquel is used when the object is far from both the speaker and the person spoken to.

Aquel libro es interesante.   *That book (over there) is interesting.*

Note that the adjectives **ese** and **aquel** have four forms.

ese libro	**esos libros**
esa revista	**esas revistas**
aquel pueblo	**aquellos pueblos**
aquella montaña	**aquellas montañas**

32. Rewrite the following sentences in the singular.

1. Aquellos campos son verdes.
2. Estas ideas son muy buenas.
3. Esos señores son de Andalucía.
4. Estos coches son nuevos.
5. Aquellas señoras son profesoras.
6. Aquellos libros no están en la biblioteca.

33. Rewrite the following sentences in the plural.

1. Aquella señora es dentista.
2. Aquel señor es periodista.
3. Ese niño es inteligente.
4. Esta casa es moderna.
5. Este cuadro es interesante.
6. Esa estatua es griega.

34. Complete the following sentences with the appropriate demonstrative adjective.

1. (*This*) _____ libro es interesante.
2. (*These*) _____ casas son muy modernas.
3. (*This*) _____ biblioteca es la mejor de la ciudad.
4. (*These*) _____ cuadros son de Dalí.
5. (*Those, over there*) _____ cuadros son de Velázquez.
6. (*That, over there*) _____ estatua es del siglo dieciocho.
7. (*That, over there*) _____ coche es de mi primo.
8. (*Those, over there*) _____ niñas son las hijas del señor Gómez.
9. ¿De quién es (*that*) _____ revista que tiene Ud.?
10. (*Those*) _____ fotografías que mira Ud. son de Juan.
11. (*That*) _____ libro que lee Ud. es fantástico.
12. ¿De dónde son (*those*) _____ platos que tiene Ud.?

EXPRESSIONS *¡QUE! ¡TAL!*

The exclamation *what a...!* in Spanish is expressed by the word **¡Qué!** Note that when the noun is modified the word **más** is also used.

¡Qué libro!	*What a book!*
¡Qué chica más inteligente!	*What an intelligent girl!*
¡Qué señor más importante!	*What an important man!*

The exclamation *such a* is expressed by the word **tal.**

¡Tal viaje!	*Such a trip!*
¡Tal idea!	*Such an idea!*

35. Rewrite the following sentences in Spanish.

1. What a novel!
2. What a fabulous view!
3. What a fantastic idea!
4. What a big car!
5. Such a trip!
6. Such an idea!
7. Such an opinion!
8. What a beautiful city!

FORMATION OF ADVERBS

Adverbs are formed in Spanish by adding **-mente** to the feminine form of the adjective.

maravillosa	**maravillosamente**
estupenda	**estupendamente**
enorme	**enormemente**
fácil	**fácilmente**

36. Form adverbs from the following:

1. claro
2. útil
3. divino
4. correcto
5. fácil
6. horrible
7. estupendo
8. constante
9. extremo
10. admirable
11. difícil
12. fantástico
13. urgente
14. perfecto
15. completo

REVIEW

37. Complete the following sentences with the correct form of the indicated adjective.

1. La casa es _____ y _____ . (*bonito, moderno*)
2. El jardín _____ tiene _____ rosas. (*grande, mucho*)
3. Las camisas _____ están en el guardarropa. (*blanco*)
4. En el mercado _____ venden frutas _____ . (*antiguo, tropical*)
5. Madrid es una ciudad _____ . (*estupendo*)
6. Algunas lecciones son _____ y otras son _____ . (*fácil, difícil*)
7. En _____ restaurante _____ sirven comidas _____ . (*aquel, lujoso, delicioso*)
8. _____ señores son _____ . (*aquel, alemán*)
9. Las comidas _____ y _____ son _____ . (*cubano, español, sabroso*)
10. _____ señores _____ están muy _____ . (*aquel, delgado, enfermo*)
11. Los labradores son _____ . (*fuerte*)
12. No sé dónde están _____ billetes. (*mi*)
13. Las calles _____ de _____ pueblo son _____ . (*estrecho, este, pintoresco*)
14. Roberto es un _____ chico. (*bueno*)
15. _____ novela _____ tiene sólo _____ páginas. (*este, interesante, ciento*)
16. Velázquez fue un _____ pintor _____ . (*grande, español*)
17. Las playas más _____ están en la costa _____ . (*bonito, oriental*)
18. El vinagre es _____ pero el azúcar es _____ . (*amargo, dulce*)
19. Los estudiantes _____ sacan muy _____ notas. (*inteligente, bueno*)
20. Estas frutas son las _____ que hay. (*mejor*)
21. Aquel señor es muy _____ y su mujer es muy _____ . (*hablador, holgazán*)
22. _____ padres son _____ . (*nuestro, español*)
23. Esta camisa _____ _____ juega bien con los pantalones _____ . (*azul claro, café*)
24. ¿Has visto el saco _____ que compró Jorge? (*rosa*)
25. El compró zapatos _____ y calcetines _____ . (*marrón, beige*)

38. Rewrite the following sentences in the plural.

1. Esta novela es mejor que la otra.
2. El señor argentino habla del gran autor.

3. Esta señora alta es inglesa.
4. Aquel monte está cubierto de nieve.
5. Este chico es más alto y fuerte que aquel chico.
6. Esta niña es la menor de la familia.
7. Ese artículo es tan interesante como el otro.
8. El campo verde está en la región occidental.

39. Answer the following questions according to the indicated response.

1. ¿Quién es más alto, Juan o Roberto? (*Juan*)
2. ¿Cuál es la ciudad más grande del mundo? (*Changhai*)
3. ¿Quién tiene tanto dinero como Roberto? (*Elena*)
4. ¿Quién es la más inteligente de la clase? (*Teresa*)
5. ¿Cuál es el río más largo de los Estados Unidos? (*El Misisipí*)
6. ¿Qué pueblo tiene tantos habitantes como Riobomba? (*Tulúa*)
7. ¿Qué señores tienen la finca? (*Aquel*)
8. ¿Quién tiene mis libros? (*Juan*)
9. ¿Dónde están las fotografías de Juan? (*en la maleta*)
10. ¿Quién es tan bonita como Elena? (*Teresa*)

Chapter 3

Verbs

Spanish verbs at first appear to be quite difficult to the speaker of English. The reason for this is that Spanish verbs function in quite a different way from English verbs. In English, we use subject pronouns such as *I, you, he*. In Spanish, subject pronouns are relatively unimportant. It is the ending of the verb that indicates the doer of the action. In order to form tenses English verbs use helping verbs as tense indicators. Examples of such auxiliary verbs are *have, had, was, will, would*. In Spanish it is the verb ending that changes in order to indicate the tense of the verb.

Fortunately, each verb does not function as an entity unto itself. Many verbs that are formed in the same way can be grouped together into classes or conjugations. This greatly facilitates learning the verbs. As you will observe in subsequent parts of this chapter, even many so-called irregular verbs have characteristics in common and can thus be grouped together.

FORMAL VERSUS FAMILIAR FORMS

In Spanish, there are four ways to express the pronoun *you*. When addressing a friend, relative, or close associate the pronoun **tú** is used. This is called the familiar singular form. When addressing someone whom you do not know well, or someone older than yourself, the pronoun **Ud.** (abbreviation for **Usted**) is used. This is called the formal singular. When addressing two or more people, either friends or mere acquaintances, the pronoun **Uds.** (abbreviation for **Ustedes**) is used. **Uds.** is used as the plural for both the familiar **tú** and the formal **Ud.** You will note, however, that the pronoun **vosotros** does exist. This is the familiar plural of **tú** but its everyday usage is restricted to areas of Spain.

PRESENT TENSE

Regular First Conjugation Verbs

Regular first conjugation verbs are commonly referred to as **-ar** verbs. The reason for this is that their infinitives end in **-ar.** Many of the most frequently used verbs belong to the first conjugation. Following is a partial list.

bailar	to dance	**invitar**	to invite
buscar	to look for	**lavar**	to wash
cambiar	to change	**llamar**	to call
cantar	to sing	**llevar**	to carry, wear
cenar	to dine	**mandar**	to send
cocinar	to cook	**mirar**	to look at
comprar	to buy	**nadar**	to swim
descansar	to rest	**pagar**	to pay for
enseñar	to teach	**pasar**	to spend (time), pass
esperar	to wait for	**preguntar**	to ask
esquiar	to ski	**preparar**	to prepare
estudiar	to study	**tomar**	to take
ganar	to earn, win	**trabajar**	to work
hablar	to speak	**viajar**	to travel

In order to form the present tense of **-ar** verbs the infinitive ending **-ar** is dropped. To the root are added the personal endings **-o, -as, -a, -amos, (-áis), -an.**

Infinitive	**comprar**	**hablar**	**mirar**	*Endings*
Root	compr-	habl-	mir-	
yo	compro	hablo	miro	-o
tú	compras	hablas	miras	-as
él, ella, Ud.	compra	habla	mira	-a
nosotros(as)	compramos	hablamos	miramos	-amos
vosotros(as)	compráis	habláis	miráis	-áis
ellos, ellas, Uds.	compran	hablan	miran	-an

El habla español.
Ellas miran la televisión.
Yo trabajo mucho.
Nosotros estudiamos ahora.
Tú cantas bien.
Uds. compran bastante.

Because the ending changes to indicate the person referred to, it is most common to omit the subject pronouns (**yo, tú, nosotros**) in Spanish.

Hablo español.
Cantas muy bien.
Estudiamos mucho.

1. Complete the following verbs with the appropriate ending.

1. María bail _____ muy bien.
2. El muchacho habl _____ español.
3. La familia cen _____ a las seis.
4. Ud. siempre gan _____ en la lotería.
5. Ellos compr _____ provisiones en el mercado.
6. Ellos nad _____ mucho en el verano.
7. ¿Por qué no lo mand _____ Uds. por correo aéreo?
8. Los jóvenes viaj _____ por Europa.
9. Yo no cant _____ muy bien.
10. Yo mir _____ la foto.
11. Yo descans _____ un poquito.
12. Nosotros trabaj _____ mucho.
13. Nosotros estudi _____ español.
14. Nosotros invit _____ a Paco.
15. Tú enseñ _____ español.
16. Tú llev _____ mucho equipaje.
17. Tú tom _____ mucho café.
18. ¿Qué prepar _____ tú?

2. Complete the following sentences with the appropriate form of the indicated infinitive.

    1. Nosotros _____ el tren. (*tomar*)
    2. Ellos siempre _____ en un restaurante. (*cenar*)
    3. ¿ _____ tú en el invierno? (*esquiar*)
    4. ¿Dónde _____ aquellos señores? (*trabajar*)
    5. Yo _____ la televisión. (*mirar*)
    6. ¿ _____ Ud. en el andén? (*esperar*)
    7. Tú _____ mucha comida. (*preparar*)
    8. Nosotros _____ el mapa. (*buscar*)
    9. Yo _____ al médico. (*llamar*)
    10. Ellos _____ mucho tiempo aquí. (*pasar*)
    11. Ellas _____ en una oficina en la ciudad. (*trabajar*)
    12. Ella _____ mucho en avión. (*viajar*)
    13. Yo _____ todos los días en la piscina. (*nadar*)
    14. Tú _____ demasiado. (*pagar*)
    15. Ellos _____ la salida del avión. (*anunciar*)

3. Rewrite the following sentences in the singular.

    1. Ellos miran el mapa de España.
    2. Uds. estudian mucho.
    3. Nosotros viajamos en avión.
    4. Los chicos toman el almuerzo.
    5. Nosotros llamamos por teléfono.

4. Rewrite the following sentences in the plural.

    1. Yo canto en el coro.
    2. El pasa el verano aquí.
    3. Tú nadas muy bien.
    4. El señor gana mucho dinero.
    5. Yo busco el periódico.

5. Complete the following story with the correct forms of the indicated verbs.

    Joaquín _____ (*estudiar*) mucho. El _____ (*estudiar*) en la Universidad de los Andes en Bogotá, Colombia. Este año él _____ (*tomar*) cinco cursos. El _____ (*preparar*) sus lecciones en la biblioteca. Cuando él _____ (*terminar*) con su trabajo, él _____ (*descansar*) un poco. El _____ (*tomar*) un refresco en la cantina de la universidad donde _____ (*hablar*) con sus amigos.

    Nosotros, igual que Joaquín, _____ (*estudiar*) mucho. Cada semestre nosotros _____ (*tomar*) cuatro o cinco cursos. Yo _____ (*pasar*) unas tres horas al día en la biblioteca donde _____ (*preparar*) mis lecciones. Yo _____ (*trabajar*) duro. Y los sábados yo _____ (*trabajar*) en una tienda donde _____ (*ganar*) unos dólares extra. El dueño de la tienda _____ (*pagar*) bastante bien. Con el dinero que yo _____ (*ganar*), yo _____ (*comprar*) mis libros y otras cosas personales que _____ (*necesitar*). Yo no _____ (*pagar*) mis derechos de matrícula. Mis padres _____ (*pagar*) la matrícula.

6. Answer the following personal questions.

    1. ¿En qué escuela estudias?
    2. ¿Cuántos cursos tomas este año?
    3. ¿Quién enseña el español?
    4. ¿Sacas buenas notas en español?

5. ¿Siempre hablas español en la clase de español?
6. ¿Dónde preparas las lecciones, en casa, en el dormitorio o en la biblioteca?
7. ¿Trabajas mucho?
8. ¿Dónde trabajas?
9. ¿Ganas dinero?
10. ¿Cuánto ganas?
11. ¿Pagas tú la matrícula o pagan tus padres la matrícula?
12. ¿Pasas mucho tiempo en la cantina de la escuela?
13. ¿Con quién hablas en la cantina?
14. ¿Hablan Uds. inglés o español?
15. ¿Toman Uds. un refresco?
16. Tú, ¿qué tomas?
17. Y los amigos, ¿qué toman?

Ir, dar, estar

The verbs **ir, dar,** and **estar** are considered irregular in the present tense. You will note, however, that the only irregularity exists in the first person singular (**yo**). All other forms are the same as those for a regular **-ar** verb.

ir	**dar**	**estar**
voy	doy	estoy
vas	das	estás
va	da	está
vamos	damos	estamos
vais	dais	estáis
van	dan	están

7. Rewrite the following sentences in the singular (**yo**).

1. Vamos al mercado.
2. Damos el dinero al empleado.
3. Estamos en la universidad.
4. Vamos a España.
5. Estamos bien.

8. Complete the following sentences with the appropriate form of the indicated verb.

1. Nosotros _____ en los Estados Unidos. (*estar*)
2. Ellos _____ el billete a su amigo. (*dar*)
3. Yo _____ en seguida. (*ir*)
4. ¿Por qué no _____ tú con María? (*estar*)
5. Los chicos _____ a la playa. (*ir*)
6. ¿Cómo _____ Uds? (*estar*)
7. Yo te _____ el dinero. (*dar*)
8. María _____ en tren. (*ir*)

9. Answer the following questions according to the model.

Carlos va en avión. ¿Y tú? → Yo también voy en avión.

1. Elena va a las montañas. ¿Y Carlos?
2. Ellos están bien. ¿Y Uds.?
3. Ella da el dinero al padre. ¿Y tú?
4. Ellos van a pie. ¿Y Ud.?
5. Él está en el parque. ¿Y los otros?
6. Yo voy a España. ¿Y Uds.?

10. Complete the following story with the correct form of the indicated verbs.

Habla Adelita Guzmán. Los domingos por la tarde, yo _____ (*dar*) un paseo por el Bosque de Chapultepec. El Bosque de Chapultepec es un parque bonito. _____ (*estar*) en la Ciudad de México. La Ciudad de México _____ (*estar*) en una meseta en el centro del país. Cuando yo _____ (*estar*) en el Bosque de Chapultepec, yo _____ (*ir*) al castillo. El Castillo de Chapultepec, la antigua residencia de Maximiliano y Carlota, _____ (*estar*) en una colina. Del castillo hay una vista preciosa de toda la Ciudad de México.

Muy cerca del parque _____ (*estar*) el museo antropológico. Muchos mexicanos y turistas _____ (*ir*) al museo donde hay exposiciones del arte de las civilizaciones de los mayas, toltecas y aztecas.

Regular Second Conjugation Verbs

The infinitives of second conjugation verbs end in **-er.** In order to form the present tense of regular **-er** verbs the infinitive ending is dropped. To the root are added the personal endings **-o, -es, -e, -emos, (-éis), -en.**

Infinitive	**comer**	**aprender**	*Ending*
Root	com-	aprend-	
yo	como	aprendo	-o
tú	comes	aprendes	-es
él, ella, Ud.	come	aprende	-e
nosotros(as)	comemos	aprendemos	-emos
vosotros(as)	coméis	aprendéis	-éis
ellos, ellas, Uds.	comen	aprenden	-en

Commonly used second conjugation verbs are:

aprender	*to learn*	**leer**	*to read*
beber	*drink*	**meter**	*to put*
comer	*to eat*	**prometer**	*to promise*
comprender	*to understand*	**vender**	*to sell*
correr	*to run*	**ver**	*to see*
creer	*to believe*		

El aprende mucho.
Los niños comen bien.
Yo lo comprendo.
Nosotros leemos mucho.
¿No ves tú el cuadro?
Uds. beben poco.

11. Complete the following verbs with the appropriate ending.

1. El beb _____ mucha agua.
2. El señor comprend _____ la situación.
3. Los alumnos aprend _____ español.
4. Ellas promet _____ escribir.
5. Yo met _____ las maletas en el baúl del carro.
6. Yo lo cre _____ .
7. Nosotros corr _____ al mercado.

8. Nosotros no le _____ aquel periódico.
9. Tú com _____ bien.
10. Uds. vend _____ muchos carros.

12. Complete the following sentences with the appropriate form of the indicated verb.

1. Los niños _____ por los pasillos. (*correr*)
2. Su padre no _____ el problema. (*comprender*)
3. Yo no _____ ensalada. (*comer*)
4. Ellos _____ mariscos en el mercado. (*vender*)
5. ¿Por qué no _____ tú agua? (*beber*)
6. Uds. _____ muchas novelas. (*leer*)
7. El _____ los cuadros en el museo. (*ver*)
8. Yo _____ escribir una carta. (*prometer*)
9. Los estudiantes _____ muchos detalles. (*aprender*)
10. Nosotros _____ paella. (*comer*)
11. Tú _____ todo lo que _____ . (*creer, leer*)
12. ¿Por qué no _____ Ud. la casa? (*vender*)

13. Complete the following series of sentences with the indicated verbs.

1. (*creer, comer, beber*)
   Roberto _____ que sus amigos _____ y _____ demasiado

   pero

   nosotros _____ que él _____ y _____ demasiado.
2. (*creer, comprender, ver, leer*)
   Yo _____ que ellos _____ todo lo que _____ y _____

   pero

   tú _____ que yo no _____ todo lo que _____ y _____ .

Regular Third Conjugation Verbs

The infinitives of regular third conjugation verbs end in **-ir.** Some commonly used third conjugation verbs are:

abrir	*to open*	**recibir**	*to receive*
admitir	*to admit*	**subir**	*to climb, raise*
asistir	*to assist, attend*	**sufrir**	*to suffer*
discutir	*to discuss*	**vivir**	*to live*
escribir	*to write*		

To form the present tense of **-ir** verbs, the infinitive ending is dropped and the personal endings **-o, -es, -e, -imos, (-ís), -en** are added to the root.

Infinitive	**abrir**	**vivir**	*Endings*
Root	abr-	viv-	
yo	abro	vivo	-o
tú	abres	vives	-es
él, ella, Ud.	abre	vive	-e
nosotros(as)	abrimos	vivimos	-imos
vosotros(as)	abrís	vivís	-ís
ellos, ellas, Uds.	abren	viven	-en

You will note that most of the personal endings are the same for both second and third conjugation verbs. The exceptions are the **nosotros** and **vosotros** forms.

Vivimos en México.
Escribís en español.

14. Complete the following verbs with the appropriate personal ending.

1. Yo abr _____ la caja.
2. Nosotros asist _____ al teatro muy a menudo.
3. Los niños sub _____ la montaña.
4. ¿De qué enfermedad sufr _____ tú?
5. Nosotros viv _____ en la capital.
6. ¿Por qué no escrib _____ tú el libro?
7. El presidente discut _____ la situación política.
8. Nosotros recib _____ muchos paquetes.
9. Ellos no admit _____ a menores.
10. Nosotros sub _____ la escalera.

15. Complete the following sentences with the correct form of the indicated verb.

1. Nosotros _____ los paquetes. (*abrir*)
2. El _____ que hay un problema. (*admitir*)
3. Nosotros _____ mucho del frío. (*sufrir*)
4. Ellos _____ en las montañas. (*vivir*)
5. Nosotros _____ al avión. (*subir*)
6. Yo _____ a muchos conciertos. (*asistir*)
7. ¿Por qué no me _____ (tú) más a menudo? (*escribir*)
8. Nosotros _____ lejos de la capital. (*vivir*)

16. Follow the model.

¿Vivir allí?   ¿Nosotros? → Sí, nosotros vivimos allí.

1. ¿Asistir a la ópera? ¿Tú?
2. ¿Sufrir mucho? ¿Ellos?
3. ¿Discutir el problema? ¿Yo?
4. ¿Recibir el regalo? ¿Carlos?
5. ¿Subir la escalera? ¿Los viejos?
6. ¿Abrir las maletas? ¿Nosotros?
7. ¿Escribir la composición? ¿Ud.?
8. ¿Asistir al concierto? ¿Nosotros?
9. ¿Vivir lejos de aquí? ¿Uds.?
10. ¿Recibir las noticias? ¿Tú?

17. Complete the following conversation with the correct forms of the indicated verbs.

—Tú _____ (*asistir*) mucho el teatro, ¿no?
—Sí, sí. Yo _____ (*asistir*) muy a menudo. Y tú también _____ (*asistir*) con frecuencia, ¿no?
—Sí, pero cada vez que yo voy al teatro, _____ (*subir*) al paraíso.
—¿Tú _____ (*subir*) al paraíso? ¿Qué es el paraíso? ¿El jardín de Edén?
—Pues, el paraíso es el último balcón—la galería más alta. Las entradas para el paraíso resultan muy baratas.
—Pues, a mí no me importa. Yo no _____ (*subir*) nunca al paraíso porque yo (*sufrir*) _____ de acrofobia.

Irregular Verbs

Poner, hacer, valer, traer, salir

The verbs **poner, hacer, valer, traer,** and **salir** are considered irregular in the present tense. You will note, however, that the only irregular form is the first person singular, **yo.** All other forms are regular and the personal endings are either those of **-er** or **-ir** verbs, depending upon the conjugation to which the verb belongs.

	poner	hacer	valer	traer	salir
yo	pongo	hago	valgo	traigo	salgo
tú	pones	haces	vales	traes	sales
él, ella, Ud.	pone	hace	vale	trae	sale
nosotros(as)	ponemos	hacemos	valemos	traemos	salimos
vosotros(as)	ponéis	hacéis	valéis	traéis	salís
ellos, ellas, Uds.	ponen	hacen	valen	traen	salen

18. Rewrite the following sentences in the singular.

1. Ponemos la mesa.
2. Salimos para España.
3. Hacemos el viaje.
4. Traemos refrescos.
5. Salimos a tiempo.
6. Hacemos mucho trabajo.
7. Ponemos todo en orden.
8. Traemos el dinero.

19. Complete the following sentences with the appropriate form of the indicated verb.

1. Ellos _____ un viaje por España. (*hacer*)
2. Yo _____ en seguida. (*salir*)
3. Es una piedra preciosa y _____ mucho. (*valer*)
4. Tú _____ mucho trabajo. (*hacer*)
5. El vendedor _____ las máquinas. (*traer*)
6. Yo _____ la comida. (*hacer*)
7. Nosotros _____ el libro en la mesa. (*poner*)
8. Los aviones siempre _____ a tiempo. (*salir*)
9. El _____ un sándwich. (*hacer*)
10. Nosotros _____ los refrescos en una canasta. (*traer*)
11. Tú _____ demasiado en la maleta. (*poner*)
12. Uds. _____ demasiado ruido. (*hacer*)
13. Nosotros _____ del aeropuerto internacional. (*salir*)
14. Ud. lo _____ , ¿no? (*hacer*)
15. Yo _____ siempre a la misma hora. (*salir*)

20. Form sentences from the following.

1. Nosotros / salir / puerto / barco _____
2. Ellos / hacer / viaje / avión _____
3. Yo / poner / todo / ropa / maleta _____
4. Este / piedra / valer / mucho _____
5. Yo / hacer / mucho / trabajo / oficina _____
6. Tú / traer / cámara _____
7. Uds. / salir / mismo / hora _____
8. Mozo / poner / equipaje / tren _____

21. Complete the following story with the correct form of the indicated verb.

Yo _____ (*hacer*) un viaje en tren. Teresa _____ (*hacer*) el viaje conmigo. Nosotros _____ (*hacer*) un viaje de Buenos Aires a Mar del Plata. Antes de salir de casa yo _____ (*hacer*) la maleta. Yo _____ (*poner*) un bañador (un traje de baño) en la maleta porque yo voy a nadar en Mar del Plata. A las ocho de la mañana yo _____ (*salir*) de casa. Yo _____ (*salir*) para la estación de ferrocarril. El conductor del taxi _____ (*poner*) mis maletas en la maletera del taxi. Teresa _____ (*salir*) de su casa a la misma hora. Nosotros _____ (*salir*) de casa a las ocho porque el tren para Mar del Plata _____ (*salir*) a las nueve diez.

(En la estación de ferrocarril)

—Teresa, ¿qué _____ (*traer*) (tú)?
—Pues, yo _____ (*traer*) algunos refrescos para comer en el tren.
—¡Qué idea más buena! Tú piensas en todo.
—¿De qué andén _____ (*salir*) el tren?
— _____ (*salir*) del andén número cinco.
—¡Vamos ya!
—Algunos días en Mar del Plata _____ (*valer*) un dineral.
—Y yo también _____ (*valer*) un dineral. ¡Ja, ja!

Aparecer, conducir, conocer, ofrecer, producir, traducir

Most verbs that end in **-cer** or **-cir** are also irregular in the present tense. You will note, however, that only the first person singular is irregular. All other forms function as regular verbs.

aparecer	conocer	conducir	producir
aparezco	conozco	conduzco	produzco
apareces	conoces	conduces	produces
aparece	conoce	conduce	produce
aparecemos	conocemos	conducimos	producimos
aparecéis	conocéis	conducís	producís
aparecen	conocen	conducen	producen

22. Rewrite the following sentences in the singular.

1. Aparecemos ahora.
2. Producimos mucho.
3. Conocemos a Juan.
4. Ofrecemos más.
5. Traducimos el poema.
6. Conducimos el coche.
7. Conocemos la literatura.
8. Ofrecemos un premio.

23. Complete the following sentences with the appropriate form of the indicated verb.

1. Ellos _____ la historia española. (*conocer*)
2. Los campos _____ mucho trigo. (*producir*)
3. Yo siempre _____ el carro. (*conducir*)
4. ¿Por qué no lo _____ tú? (*traducir*)
5. Nosotros _____ ayuda. (*ofrecer*)

6. El actor _____ mucho. (*aparecer*)
7. El _____ la novela al español. (*traducir*)
8. Yo no _____ en el balcón. (*aparecer*)
9. Es el plan que _____ los mejores resultados. (*producir*)
10. Nosotros _____ al dueño de la compañía. (*conocer*)

Ser

The important verb **ser** (*to be*) is irregular in the present tense. No other verb follows the same pattern. Study the following forms.

ser
soy
eres
es
somos
sois
son

24. Complete the following sentences with the appropriate form of the verb **ser.**

1. Yo _____ estudiante.
2. Mi madre _____ ingeniera.
3. Las chicas _____ estudiantes.
4. ¿ _____ tú mexicano?
5. Uds. _____ médicos, ¿no?
6. Los muchachos _____ altos.
7. Yo _____ de aquí.
8. Nosotros _____ venezolanos.
9. Gironella _____ novelista.
10. Tú _____ muy simpático.
11. Sartre _____ dramaturgo.
12. Yo _____ universitario.

25. Follow the model.

Yo / arquitecto → Yo soy arquitecto.

1. Ella / médica
2. Carlos / abogado
3. Nosotros / estudiantes
4. Yo / filósofo
5. Ellos / dentistas
6. Ellas / ingenieras
7. Tú / cirujano

26. Answer the following personal questions.

1. ¿Quién es Ud.?
2. ¿De dónde es Ud.?
3. ¿De dónde son sus abuelos?
4. ¿De dónde son sus padres?
5. ¿De qué nacionalidad es Ud.?

Saber

Saber is also irregular in the present tense. The only irregular form is the first person singular (**yo**).

saber
sé
sabes
sabe
sabemos
sabéis
saben

27. Complete the following sentences with the appropriate form of the verb **saber.**

1. Yo _____ la razón.
2. El _____ la respuesta.
3. Juan y Carlos no _____ dónde están.
4. Nosotros _____ el nombre.
5. Yo no _____ la hora.
6. ¿Quién _____ los resultados?
7. Los directores no _____ el número exacto.
8. ¿Por qué no lo _____ tú?
9. Yo _____ el número de teléfono.
10. Yo _____ donde viven.

First class Stem-changing Verbs: *e—ie, o—ue*

Certain verbs are regular in nature but have a change in most conjugated forms. Such verbs are called stem-changing verbs. The following verbs change the stem of the infinitive **e** to **ie** in all forms except **nosotros** (and **vosotros**).

e—ie

cerrar	*to close*	**empezar**	*to start, begin*
comenzar	*to start, begin*	**negar**	*to deny*
despertar	*to awaken*	**pensar**	*to think*
defender	*to defend*	**perder**	*to lose*
entender	*to understand*	**querer**	*to want*

cerrar	**querer**
cierro	quiero
cierras	quieres
cierra	quiere
cerramos	*queremos*
cerráis	*queréis*
cierran	quieren

The following verbs change the stem of the infinitive **o** to **ue** in all forms except **nosotros** (and **vosotros**).

o—ue

acordar	*to remember*	**recordar**	*to remember*
almorzar	*to lunch*	**devolver**	*to return, give back*
contar	*to tell, count*	**envolver**	*to wrap*
costar	*to cost*	**mover**	*to move*
encontrar	*to meet, find*	**poder**	*to be able*
mostrar	*to show*	**volver**	*to return*
probar	*to prove*		

contar	poder
cuento	puedo
cuentas	puedes
cuenta	puede
contamos	*podemos*
contáis	*podéis*
cuentan	pueden

The verb **jugar** (*to play*) also has a stem change. The **u** of the infinitive changes to **ue.**

jugar
juego
juegas
juega
jugamos
jugáis
juegan

Note that the conjugation to which these verbs belong is determined by the infinitive ending **-ar** or **-er.**

28. Complete the following sentences with the appropriate form of the indicated verb.

1. Nosotros _____ en seguida. (*empezar*)
2. Nosotros _____ el trabajo. (*comenzar*)
3. Nosotros no _____ hacer nada. (*poder*)
4. Nosotros _____ a las once. (*volver*)
5. Nosotros _____ salir. (*querer*)
6. Nosotros _____ el paquete. (*envolver*)
7. Nosotros _____ la puerta. (*cerrar*)
8. Nosotros _____ el juego. (*perder*)

29. Complete the following sentences with the appropriate form of the indicated verb.

1. Yo _____ las maletas. (*cerrar*)
2. El _____ terminar el trabajo en seguida. (*poder*)
3. ¿Por qué _____ tú al niño? (*despertar*)
4. Nosotros nunca _____ . (*perder*)
5. ¿Qué _____ Ud.? (*pensar*)
6. Yo te _____ el dinero mañana. (*devolver*)
7. Ellos _____ mucho en el asunto. (*pensar*)
8. ¿A qué hora _____ tú? (*volver*)
9. La señora _____ el paquete. (*envolver*)
10. Los labradores siempre _____ al mediodía. (*almorzar*)
11. Yo no lo _____ . (*encontrar*)
12. El no _____ la situación. (*entender*)
13. El artista nos _____ el cuadro. (*mostrar*)
14. Todo _____ mucho. (*costar*)
15. Uds. no _____ el episodio. (*recordar*)
16. ¿Por qué no _____ tú en el parque? (*jugar*)

30. Rewrite the following sentences in the singular.

    1. Entendemos el problema. _____

    2. Jugamos al fútbol. _____

    3. Defendemos la opinión. _____

    4. Contamos. _____

    5. Queremos salir. _____

    6. Volvemos pronto. _____

    7. Empezamos ahora. _____

    8. Podemos terminar. _____

31. Complete each sentence with the correct form of the indicated verb.

    1. El partido de fútbol _____ a las 19:30. (*empezar*)

    2. Los Osos _____ contra los Tigres. (*jugar*)

    3. Yo _____ ver el partido. (*querer*)

    4. Las localidades (entradas) _____ 500 pesos. (*costar*)

    5. Los Osos no _____ nunca. (*perder*)

    6. Pero hoy _____ ser un desastre para ellos. (*poder*)

    7. González, el portero de los Tigres, _____ bien la portería. (*defender*)

    8. Romero _____ el balón. (*devolver*)

    9. Los jugadores _____ al campo. (*volver*)

    10. _____ la segunda temporada. (*empezar*)

Tener and *venir*

    The verbs **tener** (*to have*) and **venir** (*to come*) are stem-changing verbs in the present tense. In addition the first person singular is irregular.

tener	venir
tengo	vengo
tienes	vienes
tiene	viene
tenemos	venimos
tenéis	venís
tienen	vienen

32. Answer the following questions with a complete sentence.

    1. ¿Cuántos años tiene Ud.?

    2. ¿Cuántos hermanos tiene Ud.?

    3. ¿Tiene Ud. mucho trabajo?

    4. ¿Tiene Ud. bastante tiempo?

    5. ¿Tiene Ud. suficiente dinero?

33. Complete the following sentences with the appropriate form of the verb **tener.**

    1. Juan siempre _____ mucha suerte.

    2. Nosotros _____ prisa.

    3. Los profesores _____ muchos libros.

    4. El señor González _____ una finca en México.

    5. Yo no _____ mucho tiempo.

    6. ¿ _____ Ud. un vestido nuevo?

    7. Nosotros _____ muchos quehaceres.

8. Los pobres _____ muchos problemas.

9. ¿Qué _____ Uds.?

10. Nosotros no _____ nada.

11. Yo _____ mucho trabajo.

12. El _____ muchos amigos.

13. Nosotros _____ más dinero que él.

14. ¿ _____ Uds. más tiempo?

34. Complete the following sentences with the appropriate form of the verb **venir.**

1. Yo _____ en seguida.

2. Nosotros _____ con Roberto.

3. Ellos _____ mañana.

4. Mi amiga _____ en avión.

5. ¿A qué hora _____ tú?

6. Uds. _____ con Roberto.

7. Yo _____ solo.

8. Los barcos _____ por la mañana.

9. Ella _____ con el telegrama.

10. Yo _____ a las ocho.

Second class Stem-changing Verbs: *e—ie, o—ue*

Second class stem-changing verbs change the infinitive stem **e** to **ie,** or the infinitive stem **o** to **ue** in all forms except **nosotros** (and **vosotros**). Some important verbs of this class are:

mentir	*to lie*	**sugerir**	*to suggest*
preferir	*to prefer*	**dormir**	*to sleep*
sentir	*to regret*	**morir**	*to die*

preferir	**sentir**	**dormir**
prefiero	siento	duermo
prefieres	sientes	duermes
prefiere	siente	duerme
preferimos	*sentimos*	*dormimos*
preferís	*sentís*	*dormís*
prefieren	sienten	duermen

You will note that in the present tense these changes are the same as those of the first class stem-changing verbs. For the verbs of the second class, however, there will be changes in other tenses. For this reason they are grouped separately.

35. Rewrite the following sentences in the plural.

1. Prefiero salir.

2. Nunca miento.

3. Siento oír las malas noticias.

4. Sugiero otro remedio.

5. Duermo ocho horas.

36. Complete the following sentences with the appropriate form of the indicated verb.

1. El pobre viejo _____ en el hospital. (*morir*)

2. Yo _____ ir a la playa. (*preferir*)

3. Nuestro hijo nunca _____ . (*mentir*)
4. ¿Qué me _____ tú? (*sugerir*)
5. Ellos _____ en aquella cama. (*dormir*)
6. Nosotros _____ oírlo. (*sentir*)
7. Carlos _____ salir. (*preferir*)
8. Yo _____ muy bien aquí. (*dormir*)
9. Yo lo _____ mucho. (*sentir*)
10. Nosotros _____ ocho horas todas las noches. (*dormir*)
11. Ella _____ trabajar en su oficina. (*preferir*)
12. Ellos nunca _____ . (*mentir*)

37. Rewrite the following sentences in the singular.

1. Preferimos salir.
2. Dormimos muy bien.
3. Lo sentimos mucho.
4. ¿Por qué no lo sugerimos?
5. No mentimos nunca.

Many of the stem-changing verbs you have just reviewed are very important and useful. For example, with just one verb form such as **quiero** (or **pienso**), you can tell everything you want (or plan) to do by just adding the infinitive form of the verb (**-ar, -er, -ir**) to this introductory word or helping verb.

Quiero trabajar.
Pienso llegar a ser rico.

38. Complete the following personalized activities. Prepare as many sentences for each one as you can.

1. Write what you want to do.
   Quiero...

2. Write what you plan to do.
   Pienso...

3. Write what you can do.
   Puedo...

4. Write what you prefer to do.
   Prefiero...

5. Write what you do not want to do and tell what you prefer to do.
   No quiero..., prefiero...

6. Write what you have to do.
   Tengo que...

7. Write what you cannot do and tell what you have to do instead.
   No puedo...porque tengo que...

8. Write what you are sorry you can or cannot do.
   Siento...

Third class Stem-changing Verbs: *e—i*

The third class of stem-changing verbs are those verbs which change the stem of the infinitive from **e** to **i** in all forms of the present tense except **nosotros** (and **vosotros**). Verbs that belong to this class are:

despedir	*to dismiss, fire*		**reír**	*to laugh*
freír	*to fry*		**reñir**	*to argue*
impedir	*to impede*		**repetir**	*to repeat*
medir	*to measure*		**servir**	*to serve*
pedir	*to ask for*		**sonreír**	*to smile*

pedir	**repetir**	**reír**
pido	repito	río
pides	repites	ríes
pide	repite	ríe
pedimos	*repetimos*	*reímos*
pedís	*repetís*	*reís*
piden	repiten	ríen

The verbs **seguir** (*to follow*), **conseguir** (*to get*), and **perseguir** (*to follow after*) also belong to the third class stem-changing verbs. Note the following spelling pattern—**ga, gue, gui, go, gu.**

seguir
sigo
sigues
sigue
seguimos
seguís
siguen

37. Rewrite the following sentences in the plural.

1. Mido la distancia.
2. Repito la oración.
3. Pido la cuenta.
4. Sonrío.
5. Nunca riño con el jefe.
6. Frío el pollo.

40. Rewrite the following sentences in the singular.

1. Despedimos al secretario.
2. Impedimos el plan.
3. Pedimos un favor.
4. Servimos la comida.
5. No repetimos nada.

41. Complete the following sentences with the appropriate form of the indicated verb.

1. El siempre _____ con sus amigos. (*reñir*)
2. Ellos _____ la carretera. (*medir*)
3. Yo no _____ nada. (*pedir*)
4. El mozo _____ la comida en el avión. (*servir*)
5. Nosotros _____ la lección. (*repetir*)
6. El niño siempre _____ . (*reír*)
7. Ellos _____ el progreso. (*impedir*)
8. Nosotros _____ la carne en una sartén. (*freír*)
9. ¿Por qué _____ Uds. al candidato? (*despedir*)
10. ¿Qué _____ tú? (*pedir*)

42. Complete the following.

1. Ellos siguen el camino.
   Juan _____ .
   Tú _____ .
   Nosotros _____ .
   Yo _____ .
2. El policía persigue al criminal.
   Yo _____ .
   Los guardias _____ .
   Nosotros _____ .
   Uds. _____ .
   Tú _____ .

3. El sirve la comida.
   Yo _____ .
   La camarera _____ .
   Nosotros _____ .
   El camarero _____ .
   Tú _____ .
4. El repite la pregunta.
   Nosotros _____ .
   El profesor _____ .
   Ella _____ .
   Tú _____ .
   Yo _____ .

43. Complete the following sentences with the correct form of the indicated verb.

1. Yo _____ un biftec. (*pedir*)
2. Yo _____ una orden (ración) de papas fritas. (*pedir*)
3. El cocinero _____ las papas. (*freír*)
4. El mesero _____ el biftec y las papas. (*servir*)
5. El _____ . (*sonreír*)
6. Mi amiga _____ postre. (*pedir*)
7. Nosotros _____ helado de vainilla con fresas y nata. (*pedir*)
8. El mesero nos _____ los postres. (*servir*)
9. ¡Qué golosos! Nosotros _____ cuando el mesero nos _____ los helados. (*reír, servir*)
10. Mi amiga y yo no _____ ningún régimen. (*seguir*)

Decir

The verb **decir** (*to say*), in the present tense, has the same stem change as **e—i** verbs. In addition the first person singular (**yo**) is irregular.

decir
digo
dices
dice
decimos
decís
dicen

44. Complete the following sentences with the appropriate form of the verb **decir.**

1. Yo _____ que sí.
2. Ellos _____ que no.
3. Juan _____ la verdad.
4. Nosotros _____ la hora.
5. Mis amigos no _____ nada.
6. ¿Qué _____ tú?
7. Nosotros _____ que él no tiene razón.
8. Yo te _____ algo.

Verbs Ending in -uir

Verbs whose infinitives end in **-uir** take a **y** in all forms of the present except **nosotros** (and **vosotros**).

atribuir	*to attribute*
construir	*to construct*
contribuir	*to contribute*
disminuir	*to diminish*
distribuir	*to distribute*
huir	*to flee, escape*
incluir	*to include*
sustituir	*to substitute*

construir	**huir**	**sustituir**
construyo	huyo	sustituyo
construyes	huyes	sustituyes
construye	huye	sustituye
construimos	*huimos*	*sustituimos*
construís	*huís*	*sustituís*
construyen	huyen	sustituyen

The verb **oír** (*to hear*) is also conjugated in the same way with the exception of the first person singular (**yo**).

oír
oigo
oyes
oye
oímos
oís
oyen

45. Rewrite the following sentences in the plural.

1. Construyo una casa.
2. Huyo de aquella situación.
3. Incluyo todos los planes.
4. No sustituyo nada.
5. Oigo la música.

46. Rewrite the following sentences in the singular.

1. Distribuimos las mercancías.
2. Incluimos los detalles.
3. Contribuimos una gran cantidad.
4. Lo atribuimos al presidente.
5. Oímos las noticias.

47. Complete the following sentences with the appropriate form of the indicated verb.

1. Ellos _____ mucho a la iglesia. (*contribuir*)
2. Nosotros _____ comida a las víctimas. (*distribuir*)

3. Carlos _____ el ruido. (*oír*)

4. El niño _____ . (*huir*)

5. Tú _____ todos los detalles. (*incluir*)

6. ¿Quién lo _____ ? (*oír*)

7. Uds. _____ un castillo. (*construir*)

8. Yo lo _____ a su fuerza. (*atribuir*)

48. Answer the following questions.

1. ¿Oyes la conferencia?
2. ¿Oyes la música?
3. ¿Oyes las noticias?
4. ¿Oyes lo que dice?

Special Uses of the Present Tense

*With **hace***

The present tense in Spanish is used the same as in English to express an action which is going on at the present time. However, you will note that, unlike in English, special helping verbs such as *do, does, am, is, are,* etc., are not used in Spanish.

A special use of the present tense is with the time expression **hace. Hace,** when used with the present tense, expresses an action that began in the past but continues into the present.

¿Cuánto tiempo hace que Ud. está en México?   *How long have you been in Mexico?*

Hace un año que estoy en México. ⎫
                                                        I have been in Mexico for a year.
Estoy en México desde hace un año. ⎭

You will note that in English the past tense (present perfect) is used. Since the action continues into the present, however, the present tense must be used in Spanish. In negative sentences the present perfect is sometimes used.

49. Complete the following sentences with the appropriate form of the indicated verb.

1. Hace dos años que nosotros _____ a Roberto. (*conocer*)
2. Ellos _____ aquí desde hace veinte años. (*estar*)
3. ¿Hace mucho tiempo que tú _____ aquí? (*vivir*)
4. Hace diez años que yo _____ con la misma compañía. (*trabajar*)
5. ¿Cuánto tiempo hace que Uds. _____ español? (*estudiar*)
6. Yo te _____ desde hace cinco minutos. (*esperar*)
7. Hace seis meses que ella _____ con Juan. (*salir*)
8. Hace una hora que _____ aquel señor. (*hablar*)
9. Hace dos años que nosotros _____ en el mismo restaurante. (*comer*)
10. Hace ahora unos tres años que ellos _____ el puente. (*construir*)

50. Answer the following questions with complete sentences.

1. ¿Cuánto tiempo hace que Ud. estudia español?
2. ¿Hace cuánto tiempo que Ud. estudia en esta escuela o universidad?
3. ¿Hace cuánto tiempo que Ud. vive en la misma casa?
4. ¿Hace cuántos años que Ud. vive en el mismo pueblo o en la misma ciudad?
5. ¿Hace cuántas generaciones que su familia vive en los Estados Unidos?
6. ¿Hace cuánto tiempo que Ud. sale con el (la) mismo(a) muchacho(a)?
7. ¿Hace cuánto tiempo que Ud. conoce a su mejor amigo(a)?

Por poco

The expression **por poco** is used with a verb in the present tense to express what almost happened. Note that in English the past tense rather than the present tense is used to convey this idea. Study the following examples.

Por poco perdemos el autobús.	*We almost missed the bus.*
Por poco llego tarde.	*I almost arrived late.*

51. Write the following sentences in Spanish.

    1. I almost missed the train. (*perder el tren*)
    2. I almost lost my life. (*perder la vida*)
    3. I almost slept at the airport. (*dormir en el aeropuerto*)
    4. I almost spent the night there. (*pasar la noche allí*)

REVIEW

52. Complete the following sentences with the appropriate form of the present tense of the indicated verb.

    1. Yo _____ a María. (*conocer*)
    2. Ellos _____ muy buena comida en aquel restaurante. (*servir*)
    3. Nosotros _____ en la capital. (*vivir*)
    4. Nosotros _____ muy bien el español. (*hablar*)
    5. Aquel niño _____ mucho. (*comer*)
    6. Yo _____ cada mañana a las ocho. (*salir*)
    7. Uds. _____ muchos viajes. (*hacer*)
    8. El _____ viajar en avión. (*preferir*)
    9. Nosotros no _____ ningún favor. (*pedir*)
    10. ¿Qué _____ los ingenieros? (*construir*)
    11. ¿A qué hora _____ tú? (*volver*)
    12. Nosotros no _____ terminar el trabajo para mañana. (*poder*)
    13. Yo no _____ nada. (*oír*)
    14. El no _____ que todo _____ mucho. (*decir, costar*)
    15. Nosotros _____ que él no _____ bien. (*saber, jugar*)
    16. Yo lo _____ en el sobre y luego lo _____ por correo. (*poner, mandar*)
    17. Yo _____ de la oficina y luego tú _____ a la fábrica. (*venir, ir*)
    18. Yo no _____ lo que _____ él. (*saber, decir*)
    19. Nosotros _____ en la planta baja. (*vivir*)
    20. Ellos siempre _____ en el verano. (*nadar*)
    21. Yo _____ que yo _____ que yo lo _____ . (*decir, saber, conocer*)
    22. Ellos lo _____ hacer si _____ . (*poder, querer*)
    23. Yo _____ que _____ ingeniero. (*repetir, ser*)
    24. Ella _____ que ella _____ que ellos _____ en España. (*decir, saber, estar*)

53. Complete the following sentences with the correct form of the indicated verb.

    1. Hace casi un día entero que nosotros _____ aquí en el aeropuerto. (*estar*)

    2. Hace a lo menos once horas que no _____ ningún avión. (*llegar*)

    3. Y hace ocho horas que no _____ ningún vuelo. (*salir*)

    4. Por poco me _____ de hambre. (*morir*)

    5. Hace una hora que no _____ ninguna comida en la bufetería del aeropuerto. (*quedar*)

IMPERFECT TENSE

Regular -ar Verbs

In order to form the imperfect tense of regular **-ar** verbs, the infinitive ending **-ar** is dropped and the following endings are added: **-aba, -abas, -aba, -ábamos, (-abais), -aban.**

Infinitive	hablar	mirar	tomar	Endings
Root	habl-	mir-	tom-	
yo	hablaba	miraba	tomaba	-aba
tú	hablabas	mirabas	tomabas	-abas
él, ella, Ud.	hablaba	miraba	tomaba	-aba
nosotros(as)	hablábamos	mirábamos	tomábamos	-ábamos
vosotros(as)	hablabais	mirabais	tomabais	-abais
ellos, ellas, Uds.	hablaban	miraban	tomaban	-aban

Note that there is no stem change in any forms of the imperfect.

jugar	empezar
jugaba	empezaba
jugabas	empezabas
jugaba	empezaba
jugábamos	empezábamos
jugabais	empezabais
jugaban	empezaban

54. Complete the following sentences with the appropriate form of the imperfect of the indicated verb.

    1. Yo _____ cada verano en el mar. (*nadar*)

    2. María siempre _____ muy bien el francés. (*hablar*)

    3. Nosotros _____ a nuestros abuelos los viernes. (*visitar*)

    4. Ellos _____ cada invierno. (*esquiar*)

    5. Uds. _____ cada noche. (*cantar*)

    6. Carlos y María _____ con frecuencia. (*bailar*)

    7. Tú siempre _____ con nosotros. (*estar*)

    8. Nosotros _____ mucho café. (*tomar*)

    9. Ellos _____ la comida en la cocina. (*preparar*)

    10. Ella _____ en aquel restaurante todos los viernes. (*cenar*)

    11. Yo siempre _____ demasiado azúcar en el café. (*echar*)

    12. Nosotros lo _____ cada mañana a las ocho. (*despertar*)

55. Rewrite the following sentences in the imperfect.

    1. Yo hablo español.
    2. ¿Quién prepara la comida?
    3. Nuestros padres trabajan mucho.
    4. Tú cantas muy bien.
    5. ¿Dónde pasan Uds. los veranos?
    6. Nosotros siempre andamos por el parque.
    7. ¿Por qué no escuchas la radio?
    8. Yo juego mucho al fútbol.

56. Complete the following story with the correct imperfect forms of the indicated verbs.

    Cuando yo era niño(a), yo _____ (acompañar) a mi papá. Nosotros _____ (visitar) a mis abuelos. Yo _____ (adorar) a mis abuelos. Abuelita siempre me _____ (dar) un regalo. Abuelito siempre _____ (jugar) conmigo. Yo lo _____ (pasar) muy bien con mis abuelos. Abuelita siempre _____ (preparar) una comida que me _____ (gustar). Ella _____ (cocinar) muy bien. Yo recuerdo que aún en aquel tiempo abuelito la _____ (ayudar). Mientras ella _____ (cocinar) el guiso, él _____ (preparar) la ensalada o el postre. A veces yo _____ (pasar) la noche en casa de mis abuelos. Abuelita me _____ (acostar) a eso de las diez de la noche. Antes de acostarme yo _____ (besar) a mis abuelitos. Ellos _____ (estar) muy contentos cuando yo les _____ (dar) un besito. Y yo también _____ (estar) muy contento(a) cuando ellos me _____ (dar) un besito. No hay duda que nosotros nos _____ (adorar).

Regular -er and -ir Verbs

    The imperfect tense of regular second and third conjugation verbs (**-er, -ir**) is the same. In order to form the imperfect tense the infinitive ending is dropped and the following personal endings are added to the stem: **-ía, -ías, -ía, -íamos, (-íais), -ían.**

Infinitive	**comer**	**leer**	**vivir**	Endings
Root	com-	le-	viv-	
yo	comía	leía	vivía	-ía
tú	comías	leías	vivías	-ías
él, ella, Ud.	comía	leía	vivía	-ía
nosotros(as)	comíamos	leíamos	vivíamos	-íamos
vosotros(as)	comíais	leíais	vivíais	-áis
ellos, ellas, Uds.	comían	leían	vivían	-ían

Note that in the imperfect tense there is no stem change.

poder	**pedir**	**preferir**
podía	pedía	prefería
podías	pedías	preferías
podía	pedía	prefería
podíamos	pedíamos	preferíamos
podíais	pedíais	preferíais
podían	pedían	preferían

57. Complete the following sentences with the appropriate form of the imperfect of the indicated verb.

1. Carlos siempre _____ novelas. (*leer*)
2. Los señores _____ aquí muy a menudo. (*venir*)
3. ¿Por qué _____ tú tanto? (*comer*)
4. Nosotros _____ una carta cada día. (*recibir*)
5. Ellos _____ todos los viernes. (*salir*)
6. Tú _____ a Juan, ¿no? (*conocer*)
7. Yo _____ mucho. (*aprender*)
8. El siempre me _____ un favor. (*pedir*)
9. Nosotros no _____ salir. (*querer*)
10. Juan _____ la verdad. (*saber*)

58. Rewrite the following sentences in the imperfect.

1. Yo prefiero acompañarlos.
2. No comemos casi nada.
3. Los niños corren por el parque.
4. Ellas entienden el problema.
5. Carlos no me conoce.
6. Tú vienes con los otros.
7. Ellos salen temprano.
8. Yo aprendo el español.

59. Form sentences from the following in the imperfect.

1. Carlos / siempre / comer / aquel / restaurante
2. Ellos / hacer / viaje / España / cada / verano
3. Yo / poner / mesa / cada / mañana
4. niños / siempre / recibir / regalos
5. Yo / querer / hacer / viaje
6. Nosotros / no / pedir / nada
7. ¿Dónde / vivir / Uds.?
8. Tú / volver / cada / día / mismo / hora

60. Complete the following sentences according to the model.

Yo leo mucho. → Yo leo mucho ahora y yo leía mucho cuando era niño(a).

1. Yo leo mucho.
2. Yo como mucho.
3. Yo aprendo mucho.
4. Yo sé mucho.
5. Yo salgo mucho.
6. Yo hago mucho.
7. Yo comprendo mucho.

61. Complete the following series of sentences with the imperfect of the appropriate verb.

1. (*decir, creer, comer, beber*)
Roberto siempre me _____ que él _____ que todos sus amigos _____ y _____ demasiado
pero
yo siempre le _____ a él que yo _____ que él _____ y _____ demasiado.

2. (*decir, creer, ver, leer*)

Ellos siempre _____ que _____ todo lo que _____ pero no todo lo que _____ .

3. (*decir, saber, comprender, decir*)

Y yo les _____ que yo _____ y _____ perfectamente bien por qué _____ tal cosa.

4. (*creer, leer, poder, ver*)

Yo tampoco _____ todo lo que _____ y a veces no _____ creer lo que _____ .

Irregular Verbs

There are only three irregular verbs in the imperfect tense. They are **ir, ser,** and **ver.** Study the following forms.

	ir	**ser**	**ver**
yo	iba	era	veía
tú	ibas	eras	veías
él, ella, Ud.	iba	era	veía
nosotros(as)	íbamos	éramos	veíamos
vosotros(as)	ibais	erais	veíais
ellos, ellas, Uds.	iban	eran	veían

62. Complete the following sentences with the appropriate form of the imperfect of the indicated verb.

1. Ellos _____ a las montañas cada verano. (*ir*)
2. Nosotros siempre _____ a Juan. (*ver*)
3. Yo _____ feliz. (*ser*)
4. Juan _____ ingeniero. (*ser*)
5. El niño siempre _____ a sus abuelos. (*ver*)
6. Nosotros siempre _____ en tren. (*ir*)
7. Yo _____ el programa todos los viernes. (*ver*)
8. Nosotros _____ listos. (*ser*)
9. ¿Por qué _____ tú con tanta frecuencia? (*ir*)
10. Aquellos señores _____ de España. (*ser*)

63. Complete the following story with the appropriate form of the imperfect of the indicated verbs.

Cuando yo _____ (*ser*) joven, yo _____ (*ir*) mucho al teatro. Yo _____ (*ser*) muy aficionado(a) al teatro. Siempre _____ (*ir*) al Teatro Municipal que _____ (*estar*) en el centro de la ciudad. Yo _____ (*hacer*) cola en la taquilla donde yo _____ (*comprar*) mi entrada. Como yo no _____ (*ser*) rico(a) y no _____ (*querer*) pagar demasiado, yo me _____ (*sentar*) en el paraíso porque las entradas _____ (*resultar*) más baratas. Es que (ellas) me _____ (*costar*) menos. En el paraíso yo _____ (*ver*) a muchos amigos porque ellos también _____ (*ser*) estudiantes pobres. Nosotros _____ (*ir*) al teatro con tanta frecuencia porque _____ (*seguir*) un curso de teatro contemporáneo en la universidad.

USES OF THE IMPERFECT TENSE

Continuing Action

The imperfect tense is much less commonly used in English than in Spanish. Since the word imperfect means not perfected or not completed, the imperfect tense is used to express continuance, to express those actions in the past which are either customary or habitual. Some common adverbial expressions which would indicate continuance and thus demand the use of the imperfect are:

siempre	*always*
con frecuencia	*frequently*
frecuentemente	*frequently*
a menudo	*often*
a veces	*sometimes*
de vez en cuando	*sometimes, from time to time*
muchas veces	*many times*
cada año (día, mes)	*every year (day, month)*
todos los días (jueves)	*every day (every Thursday)*

Study the following examples.

Ellos *siempre* **hablaban español.**
El venía aquí *con frecuencia.*
Yo visitaba a mis amigos *a menudo.*
Ellos comían allí *de vez en cuando.*
Ibamos *muchas veces* **a México.**
El viajaba *cada verano.*
Ellos volvían *todos los días* **a la misma hora.**

64. Rewrite the following sentences in the imperfect.

1. Juanito viene aquí todos los días.
2. Los barcos salen del puerto cada mañana.
3. Vamos a la playa muy a menudo.
4. Tú viajas frecuentemente.
5. Nosotros siempre volvemos a la misma hora.
6. El cambia los planes de vez en cuando.
7. Ellos lo dicen muchas veces.
8. Yo siempre estudio.
9. Yo siempre juego con ellos.
10. Nosotros los visitamos con frecuencia.
11. Ellos van a España todos los veranos.
12. Ellos me lo dicen de vez en cuando.
13. El me habla muy a menudo.
14. Tú lo haces a veces.

Mental Activity

Since most mental processes involve duration or continuance, verbs which deal with mental processes are often expressed in the imperfect tense. Common verbs of this nature are:

querer	*to want*	**desear**	*to desire*
preferir	*to prefer*	**poder**	*to be able*
sentir	*to be sorry, regret*	**pensar**	*to think*
saber	*to know*	**creer**	*to believe*

65. Rewrite the following sentences in the past.

1. El no quiere salir.
2. Nosotros podemos hacer el trabajo.
3. Yo siento oír las malas noticias.
4. Ellos lo desean fuertemente.
5. Carlos no sabe los detalles.
6. Nosotros preferimos viajar en avión.
7. Nosotros queremos trabajar.
8. ¿Por qué prefieres trabajar así?
9. ¿En qué piensa Ud.?
10. Ellos creen que Ud. lo sabe.

66. Complete the following personalized activities. Prepare as many sentences as you can for each one.

1. Write what you always wanted to do.
   Yo siempre quería…
2. Write what you never wanted to do.
   Yo nunca quería…
3. Write what you preferred to do.
   Yo prefería…
4. Write the things you always had to do.
   Yo siempre tenía que…
5. Write the things you never could do.
   Yo nunca podía…

Description in the Past

The imperfect tense is used to express description in the past.

Hacía buen tiempo.
El niño tenía sueño.
El era rubio.
Eran las seis de la noche.

67. Rewrite the following sentences in the past.

1. Hace buen tiempo.
2. Yo tengo sed.
3. El niño tiene pelo rubio.
4. María es bonita y su hermano es guapo.
5. Son las ocho de la noche.

6. Hace viento.
7. Las estrellas brillan en el cielo.
8. Las calles son estrechas y pintorescas.
9. El señor tiene sesenta años.
10. El viaje es largo y estoy cansado.
11. El mar está muy calmo.
12. El mercado es pintoresco.
13. Las montañas bajan al mar.
14. Los niños tienen sueño.

68. Complete the following descriptive passage with the appropriate form of the imperfect of the indicated verbs.

El señor _____ (*estar*) en la ciudad. Pero él no _____ (*ser*) de la ciudad. _____ (*ser*) de un pueblo pequeño que _____ (*quedar*) a unos cien kilómetros de la ciudad. El señor _____ (*tener*) unos veinte años. _____ (*ser*) alto y delgado y _____ (*tener*) los ojos azules y el pelo castaño. El pobre _____ (*estar*) cansado y triste porque _____ (*trabajar*) mucho y se _____ (*encontrar*) lejos de su familia y de sus queridos. El _____ (*tener*) ganas de volver a casa. _____ (*querer*) descansar y ver a su familia pero no _____ (*poder*) porque _____ (*tener*) que seguir trabajando. Su familia _____ (*necesitar*) el dinero que él _____ (*ganar*) y que les _____ (*mandar*) cada semana. _____ (*ser*) las once de la noche y él _____ (*estar*) en la cama pero no _____ (*poder*) conciliar el sueño. El _____ (*tener*) frío porque afuera _____ (*hacer*) frío y _____ (*nevar*). El pobre señor no _____ (*tener*) suficiente dinero para comprarse una manta y el cuarto humilde que _____ (*alquilar*) no _____ (*tener*) calefacción.

With the Time Expression *hacía*

The imperfect tense is used with the time expression **hacía.** You will note that in English the pluperfect tense is used.

Hacía cinco años que ellos estaban en Chile.   *They had been in Chile for five years.*
Hacía un año que nosotros lo sabíamos.   *We had known it for a year.*

69. Complete the following sentences with the appropriate form of the imperfect of the indicated verb.

1. ¿Cuánto tiempo hacía que Uds. lo _____ ? (*saber*)
2. Hacía mucho tiempo que él no nos _____ . (*hablar*)
3. Hacía dos años que nosotros _____ en el mismo apartamento. (*vivir*)
4. Hacía dos meses que María _____ a Juan. (*conocer*)
5. Hacía mucho tiempo que él _____ viajar en avión. (*querer*)
6. Hacía sólo cinco días que él _____ enfermo. (*estar*)
7. ¿Cuánto tiempo hacía que ellos _____ aquel rascacielos? (*construir*)
8. Hacía un par de meses que ella me _____ la misma cosa. (*decir*)

PRETERITE TENSE

The preterite is the past tense used to express an action completed at a definite time in the past.

Regular -ar Verbs

The preterite of regular **-ar** verbs is formed by dropping the infinitive ending and adding the following personal endings **-é, -aste, -ó, -amos, (-asteis), -aron.**

Infinitive	hablar	mirar	estudiar	Endings
Root	habl-	mir-	estudi-	
yo	hablé	miré	estudié	-é
tú	hablaste	miraste	estudiaste	-aste
él, ella, Ud.	habló	miró	estudió	-ó
nosotros(as)	hablamos	miramos	estudiamos	-amos
vosotros(as)	hablasteis	mirasteis	estudiasteis	-asteis
ellos, ellas, Uds.	hablaron	miraron	estudiaron	-aron

Because of the spelling patterns **ca, que, qui, co, cu; ga, gue, gui, go, gu; za, ce, ci, zo, zu,** the following verbs have special spellings. Note the following examples.

buscar	jugar	empezar
busqué	jugué	empecé
buscaste	jugaste	empezaste
buscó	jugó	empezó
buscamos	jugamos	empezamos
buscasteis	jugasteis	empezasteis
buscaron	jugaron	empezaron

70. Write six things you did or did not do last year, using the indicated verbs.

1. El año pasado yo (no) _____ . (*nadar*)
2. _____ . (*esquiar*)
3. _____ . (*jugar al fútbol*)
4. _____ . (*trabajar después de las clases*)
5. _____ . (*ganar mucho dinero*)
6. _____ . (*visitar un país extranjero*)

71. Complete the following sentences.

1. Yo estudié mucho en la escuela pero mi hermano...
2. Yo saqué muy buenas notas pero él...
3. Yo jugué al fútbol y él...
4. Después de las clases yo no trabajé pero él...

72. Complete the following verbs with the appropriate preterite ending.

1. Ellos habl _____ con el profesor.
2. Yo visit _____ a mis abuelos.
3. El autor public _____ la novela.
4. Anoche nosotros mir _____ la televisión.
5. Tú estudi _____ mucho.
6. Ellos prepar _____ la comida.
7. Yo trabaj _____ con aquella compañía.
8. El tren lleg _____ tarde.
9. Uds. viaj _____ mucho el año pasado.
10. Tú cant _____ muy bien.

73. Complete the following sentences with the appropriate form of the preterite of the indicated verb.

    1. María _____ con Juan. (*hablar*)
    2. Nosotros _____ en el mar. (*nadar*)
    3. Carlos _____ la guitarra. (*tocar*)
    4. Ellos _____ la casa. (*comprar*)
    5. Yo _____ muy tarde. (*cenar*)
    6. Yo no sé a qué hora _____ Uds. (*terminar*)
    7. La niña _____ muy bien. (*esquiar*)
    8. Tú _____ ; no _____ . (*gritar, hablar*)

74. Rewrite the following sentences in the preterite.

    1. Tú compras demasiado.
    2. Miguel no habla en voz alta.
    3. Yo no preparo nada.
    4. Ellos no bailan mucho.
    5. Tú terminas pronto.
    6. Ud. canta muy bien.
    7. Nosotros limpiamos la casa.
    8. Lavo el carro.

75. Complete the following sentences with the appropriate form of the preterite of the indicated verb.

    1. Yo _____ al fútbol. (*jugar*)
    2. Yo _____ la cuenta. (*pagar*)
    3. Ellos no _____ al béisbol. (*jugar*)
    4. ¿Quién lo _____ ? (*pagar*)
    5. Yo _____ el periódico. (*buscar*)
    6. La película _____ a las cuatro. (*empezar*)
    7. Yo _____ a las ocho. (*comenzar*)
    8. Yo _____ anoche. (*practicar*)

76. Form sentences in the preterite from the following.

    1. Ellos / nadar / piscina   4. Tú / bailar / y / cantar / bien / anoche
    2. Yo / jugar / fútbol / estadio   5. Nosotros / buscar / casa / aquel / barrio
    3. El / hablar / su / amigos / café   6. Ud. / viajar / mucho / año / pasado

Regular -er and -ir Verbs

    The preterite of regular **-er** and **-ir** verbs is formed by dropping the infinitive ending and adding the following personal endings: **-í, -iste, -ió, -imos, (-isteis), -ieron.**

Infinitive	**comer**	**vender**	**vivir**	**escribir**	*Endings*
Root	com-	vend-	viv-	escrib-	
yo	comí	vendí	viví	escribí	-í
tú	comiste	vendiste	viviste	escribiste	-iste
él, ella, Ud.	comió	vendió	vivió	escribió	-ió
nosotros(as)	comimos	vendimos	vivimos	escribimos	-imos
vosotros(as)	comisteis	vendisteis	vivisteis	escribisteis	-isteis
ellos, ellas, Uds.	comieron	vendieron	vivieron	escribieron	-ieron

77. Complete the following sentences with the appropriate form of the preterite of the indicated verb.

1. Ellos _____ su opinión. (*defender*)
2. Yo _____ la casa el año pasado. (*vender*)
3. Mis primos _____ en la capital. (*vivir*)
4. Tú lo _____ el otro día. (*recibir*)
5. ¿A qué hora _____ Uds.? (*salir*)
6. Nosotros _____ mucho en aquel curso. (*aprender*)
7. Su equipo _____ el juego. (*perder*)
8. Yo no _____ mucho. (*comer*)
9. ¿ _____ tú aquel artículo? (*escribir*)
10. Nosotros _____ a las ocho. (*volver*)
11. Elena _____ la montaña. (*subir*)
12. Ellos _____ el equipaje en la maletera del carro. (*meter*)
13. Nosotros _____ una cuenta corriente. (*abrir*)
14. Yo lo _____ en seguida. (*aprender*)
15. Ellos _____ el telegrama ayer. (*recibir*)

78. Rewrite the following sentences in the preterite.

1. Carmen y María salen a las ocho.
2. Nosotros bebemos vino.
3. El vende el carro.
4. Yo vivo en el centro mismo.
5. Nadie pierde.
6. Tú escribes buenos artículos.
7. Yo no como mucho.
8. Elena defiende bien su opinión.
9. Ellos vuelven a tiempo.
10. Recibimos muchos paquetes.

79. Complete the following story with the correct form of the preterite of the indicated verb.

Gladys _____ (*salir*) anoche con su amigo Tadeo. Ellos _____ (*asistir*) a un concierto de Julio Iglesias, el cantante español que goza de tanta popularidad. A Gladys le _____ (*gustar*) mucho el concierto. Dice que Julio _____ (*cantar*) muy bien y que _____ (*escoger*) canciones preciosas. El concierto _____ (*empezar*) y _____ (*terminar*) a tiempo. Teresa _____ (*volver*) a casa a eso de las once. Antes de volver a casa los dos amigos _____ (*tomar*) un refresco en la cafetería Metropol en la Gran Vía.

¡Qué coincidencia! Anoche yo _____ (*salir*) también. Yo _____ (*salir*) con mi amiga Sarita. Sarita y yo _____ (*ver*) una película muy buena en el cine Colón. Cuando nosotros _____ (*salir*) del cine _____ (*decidir*) ir a la cafetería Metropol a tomar un refresco. Desgraciadamente no _____ (*ver*) a Gladys y a Tadeo porque ellos _____ (*salir*) de la cafetería a eso de las diez y media y nosotros _____ (*llegar*) a las once y pico.

The Verb *dar*

The verb **dar** is irregular in the preterite. It is conjugated the same as a second or third conjugation verb.

dar

dí	dimos
diste	disteis
dio	dieron

80. Rewrite the following sentences in the preterite.

1. Yo le doy una limosna al pobre.
2. Carlos le da la propina al camarero.
3. Nosotros le damos los papeles al profesor.
4. Tú me das buenos consejos.
5. Yo no te doy nada.
6. ¿Quién te da las noticias?
7. Eso me da miedo.
8. Ellos le dan un regalo a su madre.

Second class Stem-changing Verbs

Second class stem-changing verbs have a stem change in both the present and the preterite. Such verbs as **preferir, sentir** have an **i** in the third person singular and plural. The verbs **dormir** and **morir** have a **u**.

preferir	**sentir**	**dormir**
preferí	sentí	dormí
preferiste	sentiste	dormiste
prefirió	*sintió*	*durmió*
preferimos	sentimos	dormimos
preferisteis	sentisteis	dormisteis
prefirieron	*sintieron*	*durmieron*

81. Complete the following sentences with the appropriate form of the preterite of the indicated verb.

1. El no me _____ . (*mentir*)
2. Tú _____ el plan. (*sugerir*)
3. Yo lo _____ mucho. (*sentir*)
4. Tú _____ bien anoche. (*dormir*)
5. ¿Por qué _____ ellos ir en tren? (*preferir*)
6. Nosotros no _____ . (*mentir*)
7. ¿Cuántos años tenía él cuando _____ ? (*morir*)
8. Yo _____ más de ocho horas. (*dormir*)
9. El _____ callarse. (*preferir*)
10. Uds. me lo _____ . (*sugerir*)

82. Rewrite the following sentences in the preterite.

1. El prefiere ir en avión.
2. Ellos no mienten.

3. Ella no duerme muy bien.
4. Ellos se mueren de risa.
5. El no sugiere nada.
6. Ellos sienten oír las malas noticias.

Third class Stem-changing Verbs

The third class stem-changing verbs have an **i** in the third person singular and plural of the preterite.

pedir	**repetir**
pedí	repetí
pediste	repetiste
pidió	*repitió*
pedimos	repetimos
pedisteis	repetisteis
pidieron	*repitieron*

83. Complete the following sentences with the appropriate form of the preterite of the indicated verb.

   1. El cocinero _____ el pollo. (*freír*)
   2. ¿Por qué _____ tú? (*reír*)
   3. Ellos no me _____ nada. (*pedir*)
   4. Yo _____ la comida. (*servir*)
   5. El niño nos _____ . (*sonreír*)
   6. ¿Por qué _____ nosotros con él? (*reñir*)
   7. Ellos _____ la distancia. (*medir*)
   8. El jefe lo _____ . (*despedir*)

84. Rewrite the following sentences in the preterite.

   1. Ella le pide la cuenta al camarero.
   2. Los pobres piden limosna.
   3. Yo no riño con ellos.
   4. Nosotros servimos una comida muy buena.
   5. El sastre lo mide.
   6. ¿Por qué despiden al director?
   7. Yo no me río de nada.
   8. Ellas fríen el pollo en aceite de oliva.

85. Complete the following story with the correct forms of the preterite of the indicated verbs.

   El viernes pasado yo _____ (*comer*) en el restaurante Luna. Yo _____ (*pedir*) mariscos en salsa verde y mis compañeros _____ (*pedir*) una combinación de biftec y langosta. El mesero les _____ (*servir*) el biftec y la langosta acompañados de tostones y frijoles y arroz. Y después de comer todo eso ellos _____ (*pedir*) un postre. Pero yo no. Yo no _____ (*pedir*) nada. La única cosa que yo le _____ (*pedir*) al mesero fue la cuenta. El _____ (*reír*) un poco. Pero a mí no me importa porque yo _____ (*seguir*) mi régimen. Yo _____ (*comer*) los mariscos pero no _____ (*comer*) el arroz que los acompañaba.

Verbs with *y* Stem

Verbs whose infinitives end in **-uir** take a **y** in the third person singular and plural. The verbs **leer** and **oír** also belong to this group in the preterite. Note that the third person singular ending is **-ó** and the third plural is **-eron.**

contribuir	**leer**	**oír**
contribuí	leí	oí
contribuiste	leiste	oiste
contribuyó	leyó	oyó
contribuimos	leimos	oimos
contribuisteis	leisteis	oisteis
contribuyeron	leyeron	oyeron

86. Rewrite the following sentences in the preterite.

1. Ellos contribuyen mucho a la iglesia.
2. Yo incluyo todos los detalles.
3. El niño lee mucho.
4. ¿No oyes las noticias?
5. Distribuimos los informes.
6. Yo no leo aquel periódico.
7. El construye el puente.
8. Ellos no oyen nada.

Irregular Verbs

Many common verbs are irregular in the preterite tense. Many of these irregular verbs, however, can be grouped together as they function in the same way in the preterite.

Tener, andar, estar

The verbs **tener, andar,** and **estar** have **uv** in the preterite stem.

tener	**andar**	**estar**
tuve	anduve	estuve
tuviste	anduviste	estuviste
tuvo	anduvo	estuvo
tuvimos	anduvimos	estuvimos
tuvisteis	anduvisteis	estuvisteis
tuvieron	anduvieron	estuvieron

87. Complete the following sentences with the appropriate form of the preterite of the indicated verb.

1. Ellos _____ por el parque. (*andar*)
2. Su padre _____ enfermo el año pasado. (*estar*)
3. Nosotros no _____ suficiente dinero. (*tener*)
4. Yo no _____ allí. (*estar*)
5. ¿Tú _____ por aquella región? (*andar*)
6. Los árabes _____ ocho siglos en España. (*estar*)
7. ¿Quién lo _____ ? (*tener*)
8. ¿ _____ Uds. por el interior del país? (*andar*)
9. Yo no _____ tal oportunidad. (*tener*)
10. ¿Por qué _____ tú allí? (*estar*)

88. Rewrite the following sentences in the preterite.

1. Yo tengo mala suerte.
2. Yo ando por el parque.
3. Yo estoy en el mercado.
4. Nosotros tenemos que mandar la carta.
5. Nosotros andamos por el centro de la ciudad.
6. Nosotros estamos en la Argentina.
7. María lo tiene.
8. Ellas tienen que depositar el dinero.
9. ¿Por qué no andas por los pasillos del museo?
10. El está en la capital.

Poner, poder, saber, caber

The verbs **poner, poder, saber,** and **caber** all have a **u** in the preterite stem. Study the following forms.

poner	poder	saber	caber
puse	pude	supe	cupe
pusiste	pudiste	supiste	cupiste
puso	pudo	supo	cupo
pusimos	pudimos	supimos	cupimos
pusisteis	pudisteis	supisteis	cupisteis
pusieron	pudieron	supieron	cupieron

The verbs **poder, saber,** and **caber** are not very frequently used in the preterite.

89. Complete the following sentences with the appropriate form of the preterite of the indicated verb.

1. Yo no _____ trabajar ayer. (*poder*)
2. Teresa y Carlos _____ la mesa. (*poner*)
3. Ellos no lo _____ . (*saber*)
4. Nosotros _____ los billetes en la maleta. (*poner*)
5. ¿Cuándo _____ Uds. los detalles? (*saber*)
6. ¿Por qué no _____ tú llegar más temprano? (*poder*)
7. Nosotros no _____ nada del episodio. (*saber*)
8. Juan _____ el carro en el garage. (*poner*)
9. El no _____ resistir el frío. (*poder*)
10. Yo _____ la radio. (*poner*)
11. Todos no _____ en el carro. (*caber*)
12. El equipaje _____ en la maletera del carro. (*caber*)

Querer, hacer, venir

The verbs **querer, hacer,** and **venir** all have an **i** in the preterite. Study the following forms.

querer	hacer	venir
quise	hice	vine
quisiste	hiciste	viniste
quiso	hizo	vino
quisimos	hicimos	vinimos
quisisteis	hicisteis	vinisteis
quisieron	hicieron	vinieron

The verb **querer** is seldom used in the preterite.

90. Complete the following sentences with the appropriate form of the preterite of the indicated verb.

1. Ellos no _____ salir. (*querer*)
2. Yo _____ todo el trabajo. (*hacer*)
3. El _____ temprano. (*venir*)
4. Los Gómez _____ un viaje a México. (*hacer*)
5. ¿_____ tú en tren o en coche? (*venir*)
6. ¿Por qué no lo _____ hacer Roberto? (*querer*)
7. El _____ a pie, ¿no? (*venir*)
8. Yo no _____ hablar del asunto. (*querer*)
9. Ellos me _____ un gran favor. (*hacer*)
10. Nosotros no _____ nada. (*hacer*)

Decir, traer, producir, traducir

The verbs **decir, traer, producir,** and **traducir** all have a **j** in the preterite. Note that the third person singular ending is **-o** and the third person plural ending is **-eron.**

decir	traer	traducir
dije	traje	traduje
dijiste	trajiste	tradujiste
dijo	trajo	tradujo
dijimos	trajimos	tradujimos
dijisteis	trajisteis	tradujisteis
dijeron	trajeron	tradujeron

91. Complete the following sentences with the appropriate form of the preterite of the indicated verb.

1. El _____ la carta del inglés al español. (*traducir*)
2. Yo no _____ nada. (*traer*)
3. ¿Quiénes _____ eso? (*decir*)
4. Nosotros no le _____ nada a Enrique. (*decir*)
5. El país _____ mucha caña de azúcar. (*producir*)
6. Los poetas _____ las poesías. (*traducir*)
7. Tú _____ muchas cosas de interés. (*decir*)
8. Ellos _____ la comida en una canasta. (*traer*)
9. Las minas _____ una gran cantidad de cobre. (*producir*)
10. Yo no _____ nada. (*decir*)

Ir, ser

The verbs **ir** and **ser** are the same in the preterite. Meaning is made clear by the context of the sentence. Study the following forms.

ir	ser
fui	fui
fuiste	fuiste
fue	fue
fuimos	fuimos
fuisteis	fuisteis
fueron	fueron

92. Answer the following questions with complete sentences.

    1. ¿Fuiste al mercado?
    2. ¿Fuiste poeta una vez?
    3. ¿Fue Juan a las montañas?
    4. ¿Fue miembro el señor González?
    5. ¿Fueron Uds. a casa de los López?
    6. ¿Fueron Juan y Carlos quienes lo dijeron?

93. Rewrite the following sentences in the preterite.

    1. Ellos van al mercado.
    2. Yo soy el único.
    3. Vamos todos juntos.
    4. Aquel señor es el presidente.
    5. Enrique va también.
    6. Voy a la fiesta de María.

REVIEW

94. Complete the following sentences with the appropriate form of the preterite of the indicated verb.

    1. Ellos _____ un viaje. (*hacer*)
    2. ¿Por qué no lo _____ tú al inglés? (*traducir*)
    3. María no _____ salir. (*querer*)
    4. Ellos _____ todo en orden. (*poner*)
    5. ¿Dónde _____ Ud.? (*estar*)
    6. Ella no _____ las provisiones. (*traer*)
    7. Los chicos _____ y ella _____ la guitarra. (*cantar, tocar*)
    8. Nosotros _____ a las ocho. (*venir*)
    9. Tú no lo _____ hacer. (*poder*)
   10. El director me lo _____ . (*decir*)
   11. Yo no _____ nada del asunto. (*saber*)
   12. Juanito lo _____ todo. (*comer*)
   13. Ellos no _____ las últimas noticias. (*oír*)
   14. El me _____ un favor. (*pedir*)
   15. Nosotros _____ que salir en seguida. (*tener*)

95. Rewrite the following sentences in the preterite.

    1. La compañía no tiene suficientes fondos económicos.
    2. ¿Por qué vienes a las ocho de la mañana?
    3. El no puede ayudarme.
    4. Tú buscas los informes.
    5. Nosotros andamos por la capital.
    6. ¿Quién te lo dice?
    7. Los alumnos no lo saben.
    8. Yo voy en tren.
    9. Ellos no están aquí.
   10. ¿Por qué no lo ponemos en el garage?
   11. El no lee el programa del día.

12. No lo hacemos sin ayuda.
13. Yo no repito la contestación.
14. Ellos no quieren salir del centro.
15. Los fértiles campos del interior producen mucho.
16. Yo defiendo mi opinión.
17. Juan va a las montañas a escribir.
18. Nosotros no decimos nada.
19. El niño duerme muy bien.
20. Ellos prefieren estar presentes.

USES OF THE PRETERITE

Completed Past Action

The preterite is often referred to as the past definite. It is used to express an action that was completed at a definite time in the past. Some common adverbial phrases that accompany the preterite are:

ayer	yesterday
anteayer	the day before yesterday
anoche	last night
el otro día	the other day
hace dos días, años	two days (years) ago
la semana pasada	last week
el año pasado	last year
durante tres siglos	for three centuries

96. Complete the following sentences with the appropriate form of the preterite of the indicated verb.

1. Los árabes _____ a España en el siglo ocho. (invadir)
2. Colón _____ el Nuevo Mundo en 1492. (descubrir)
3. Los países latinoamericanos _____ por su independencia durante el siglo XIX. (luchar)
4. Lope de Vega _____ sus obras durante el siglo XVII. (producir)
5. Nosotros _____ un viaje al Perú el año pasado. (hacer)
6. Yo _____ la televisión anoche. (mirar)
7. Mis amigos _____ hace tres días. (llegar)
8. ¿ _____ tú en aquel restaurante anoche? (comer)
9. Mi padre _____ enfermo el año pasado. (estar)
10. El me lo _____ anteayer. (decir)
11. Yo _____ a Juan el otro día. (ver)
12. Nosotros _____ a la playa el verano pasado. (ir)

Verbs with Special Meanings

Several verbs have a special meaning when used in the preterite. You have already learned that most verbs that denote mental activity are expressed by the imperfect in the past. When used in the preterite their meaning is quite special. Study the following.

María no quiso salir.	Mary *refused* to leave.
El pudo huir.	*He managed to* escape.
Carlos no pudo hacerlo.	Charles couldn't do it. (*but he tried*)
Ellos lo supieron ayer.	They *found it out* yesterday.
Juan conoció a María.	John *met* Mary.

97. Write the following sentences in Spanish.

1. He refused to work more.
2. I met Mary yesterday.
3. They didn't find it out.
4. We could not finish (but we tried).
5. He managed to explain the episode.
6. He refused to speak.
7. They found out the results.
8. She managed to finish.

Differences between Preterite and Imperfect

Completed versus noncompleted action

You have already learned the basic uses of the imperfect and preterite tenses. The imperfect is used to express a continuing action in the past; the preterite is used to express an action definitely begun and completed in the past even if the particular action lasted for some time.

El venía aquí cada día.
El vino aquí ayer.
El hablaba frecuentemente con el presidente.
El habló una vez con el presidente.
Ellos estaban mucho tiempo en España. (*It is not stated whether or not they are still there.*)
Los árabes estuvieron en España por ocho siglos. (*They are no longer there.*)

98. Rewrite the following sentences changing **el otro día** to **a menudo**.

1. El vino aquí el otro día.
2. Yo lo vi el otro día.
3. Carlos me lo repitió el otro día.
4. Recibimos una carta de él el otro día.
5. El me llamó el otro día.

99. Rewrite the following changing **repetidamente** to **hace dos días**.

1. El nos visitaba repetidamente.
2. Ella me ayudaba repetidamente.
3. Yo iba allá repetidamente.
4. Ellos me lo decían repetidamente.
5. Tú comías allí repetidamente.

100. Rewrite the following sentences in either the preterite or imperfect according to the indicated time expression.

1. Ellos miraron la televisión anoche.

   _____ cada noche.
2. Juan estuvo aquí ayer.

   _____ el otro día también.

3. Fuimos allá el año pasado.

_____ muy a menudo.

4. Comían en aquel restaurante todos los sábados.

_____ el sábado pasado.

5. Yo lo veía de vez en cuando.

_____ con frecuencia.

6. Anoche discutimos el mismo problema.

Siempre _____ .

7. El profesor lo repetía muchas veces.

_____ una vez.

8. El director desapareció en 1940.

_____ de vez en cuando.

9. Su padre siempre estaba enfermo.

_____ por tres años.

10. Durante el último viaje, él pagó con cheques de viajero.

Durante todos sus viajes, _____ .

101. Answer the following questions according to the model.

¿Recibir el paquete?   (Sí, ayer) → Sí, ella recibió el paquete ayer.

1. ¿Discutir el problema? (*Sí, con frecuencia*)
2. ¿Ir al campo? (*Sí, el verano pasado*)
3. ¿Vivir en Zaragoza? (*Sí, hace dos años*)
4. ¿Asistir a los conciertos? (*Sí, todos los viernes*)
5. ¿Bailar mucho? (*Sí, anoche*)
6. ¿Conducir el coche? (*Sí, siempre*)
7. ¿Luchar con el ejército? (*Sí, en 1942*)
8. ¿Reñir con ellos? (*Sí, de vez en cuando*)

Two actions in one sentence

Frequently there is more than one action expressed in the same sentence. In order to determine the tense to be used for each verb, it is helpful to think of a stage. Anything that is scenery or that takes place in the background is expressed by the imperfect. Any action that is carried out by the performers on the stage is in the preterite.

Juan entró y María salió.
Un señor vendió el carro y el otro lo compró.
Llovía cuando ellos salieron.
Cuando yo llegué, ellos hablaban.
María tocaba el piano mientras Juan cantaba.
Los niños jugaban mientras sus padres los miraban.

Sometimes the tense will change depending upon the idea that the speaker wishes to convey. Analyze the following.

Un señor vendió el carro y el otro lo compró. *Here the speaker is merely reporting what took place. One man sold the car and the other bought it.*

Un señor vendía el carro y el otro lo compraba. *Here the speaker wishes to describe the background, what was taking place. One man was selling the car and the other was buying it.*

102. Complete the following sentences with either the preterite or imperfect of the indicated verb.

1. Unos amigos _____ mientras los otros _____ el sol. (*nadar, tomar*)

2. María _____ con su madre cuando yo _____ . (*hablar, entrar*)

3. Ellos lo _____ cuando nosotros _____ . (*discutir, interrumpir*)

4. Mi madre _____ la comida mientras mi padre _____ la mesa. (*preparar, poner*)

5. Yo _____ cuando _____ el teléfono. (*dormir, sonar*)

6. Ellos _____ cuando yo _____ por teléfono. (*comer, llamar*)

7. Mis padres _____ la televisión mientras yo _____ . (*mirar, estudiar*)

8. Ellos _____ de las elecciones cuando yo _____ los resultados. (*hablar, anunciar*)

9. Cuando ellos _____ al aeropuerto, _____ buen tiempo. (*llegar, hacer*)

10. Unos _____ mientras otros _____ . (*bailar, cantar*)

103. Complete the following sentences as if you were telling someone what happened.

1. Un señor _____ y el otro _____ . (*comer, beber*)

2. María _____ las maletas y su amiga _____ los billetes. (*guardar, sacar*)

3. El policía _____ y el ladrón _____ . (*entrar, salir*)

4. El niño _____ y el perro _____ . (*llorar, ladrar*)

5. El torero _____ el capote y el toro _____ . (*agitar, embestir*)

104. Rewrite the sentences of the previous exercise as if you were describing to someone what was happening.

FUTURE TENSE

Ir a with Infinitive

The future can be expressed by using the verb **ir a** with an infinitive. This is equivalent to the English *"to be going to."*

Voy a trabajar allí.	*I am going to work there.*
Vamos a comer en casa.	*We are going to eat at home.*
Ellos van a vivir con nosotros.	*They are going to live with us.*

105. Complete the following sentences with the appropriate form of **ir a.**

1. Yo _____ salir mañana.
2. Carlos _____ esquiar.
3. Nosotros _____ saber los resultados mañana.
4. Uds. _____ pasarlo muy bien en Acapulco.
5. ¿Tú _____ viajar en avión?
6. ¿Quién _____ poner la mesa?
7. Yo _____ presentar a los convidados.
8. Nosotros _____ nadar en el Caribe.

106. Complete the following personal statements. Give as many completions as you can for each statement.

    1. Mañana yo voy a...
    2. Y el año que viene yo voy a...
    3. Después de graduarme de la universidad yo voy a...
    4. Dentro de poco mis amigos y yo vamos a...
    5. Yo sé que mis padres van a...

107. Rewrite the following statements in the future using **ir a** with the infinitive.

    1. Vivimos en la capital.
    2. Hago las maletas.
    3. ¿Miras la televisión?
    4. Reciben la carta.
    5. Habla el presidente.
    6. Pongo todo en orden.
    7. Repetimos la oración.
    8. Uds. salen temprano.

Regular Verbs

    The future tense of regular verbs is formed by adding the following personal endings to the infinitive: **-é, -ás, -á, -emos, (-eis), -án.**

Infinitive	**hablar**	**comer**	**escribir**	Endings
Root	hablar-	comer-	escribir-	
yo	hablaré	comeré	escribiré	-é
tú	hablarás	comerás	escribirás	-ás
él, ella, Ud.	hablará	comerá	escribirá	-á
nosotros(as)	hablaremos	comeremos	escribiremos	-emos
vosotros(as)	hablareis	comereis	escribireis	-eis
ellos, ellas, Uds.	hablarán	comerán	escribirán	-án

    The future tense is used in Spanish the same as it is in English. In everyday conversation the **ir a** with the infinitive is more commonly used than the true future tense.

108. Complete the following sentences with the appropriate form of the future of the indicated verb.

    1. Carlos _____ el problema con nosotros. (*discutir*)
    2. Yo _____ del asunto más tarde. (*hablar*)
    3. ¿Cuándo _____ tú aquí? (*estar*)
    4. Nosotros no _____ en casa esta noche. (*comer*)
    5. Ellos _____ el paquete por correo. (*recibir*)
    6. Nosotros _____ pasado mañana. (*volver*)
    7. Yo _____ en español. (*cantar*)
    8. La familia _____ una casa particular. (*comprar*)
    9. Nosotros no _____ todos los libros. (*vender*)
    10. El tren _____ a las ocho y cuarto. (*llegar*)

109. Rewrite the following sentences in the future tense.

    1. Vamos a nadar en el mar.
    2. Van a mirar la televisión.

3. Voy a volver en avión.
4. Ellos van a terminar el trabajo.
5. Vamos a vivir en el hotel.
6. Va a recibir las noticias en seguida.
7. ¿No vas a estudiar más?
8. ¿Van a leer aquella novela?

110. Answer the following questions.

1. ¿Irás a España algún día?
2. ¿Viajarás por el país?
3. ¿Tomarás el tren?
4. ¿Cuánto tiempo pasarás en España?
5. ¿Irás solo(a) o con un(a) amigo(a)?
6. ¿Visitarás (visitarán Uds.) a Madrid?
7. ¿Conocerás a algunos madrileños?
8. ¿Irán Uds. al famoso Museo del Prado?
9. ¿Verás las pinturas de Goya y Murillo?
10. ¿Admirarás la obra de Velázquez?
11. ¿Comerás una buena paella en uno de los típicos restaurantes de Madrid?
12. ¿Tomarás un chato de vino en uno de los mesones del Viejo Madrid?

Irregular Verbs

Very few verbs are irregular in the future tense. The following, however, have irregular stems.

decir	diré
hacer	haré
querer	querré
caber	cabré
poder	podré
saber	sabré
poner	pondré
salir	saldré
tener	tendré
valer	valdré
venir	vendré

decir	poner
diré	pondré
dirás	pondrás
dirá	pondrá
diremos	pondremos
direis	pondreis
dirán	pondrán

111. Complete the following sentences with the correct form of the future of the indicated verb.

1. El me lo _____ . (*decir*)
2. Yo _____ lo que quiero. (*hacer*)
3. Ellos _____ saber los resultados. (*querer*)

4. El paquete no _____ en el buzón. (*caber*)
5. Nosotros _____ terminarlo a tiempo. (*poder*)
6. Carmen _____ los detalles. (*saber*)
7. Yo lo _____ en la mesa. (*poner*)
8. Ellos _____ mañana por la mañana. (*salir*)
9. Tú _____ que hacerlo. (*tener*)
10. Yo sé que la joya _____ mucho. (*valer*)
11. ¿A qué hora _____ Uds.? (*venir*)

112. Rewrite the following sentences in the future tense.

1. Ellos hacen un viaje.
2. Carlitos no quiere salir.
3. Yo tengo bastante tiempo.
4. ¿Cuánto vale la joya?
5. Nosotros salimos a las ocho en punto.
6. Tú dices la verdad.
7. Uds. vienen en avión, ¿no?
8. Yo sé los resultados.
9. ¿Por qué no puedes jugar?
10. Todos no caben en el mismo carro.

113. Answer the following questions according to the model.

¿Supiste los resultados? → No, pero la próxima vez sabré los resultados.

1. ¿Hiciste el viaje en avión?
2. ¿Pusieron los billetes en la bolsa?
3. ¿Tuvieron Uds. suficientes fondos?
4. ¿Quiso Juan subir en el funicular?
5. ¿Vinieron Uds. acompañados?
6. ¿Pudieron terminar a tiempo los ingenieros?
7. ¿Saliste temprano?
8. ¿Supieron ellos la hora exacta de la llegada?

CONDITIONAL

Regular Verbs

The conditional is formed by adding the personal endings to the entire infinitive. You will note that the personal endings for the conditional are the same as those used for the imperfect of second and third conjugation verbs **-ía, -ías, -ía, -íamos, (-íais), -ían.**

Infinitive	**hablar**	**comer**	**vivir**	*Endings*
Root	hablar-	comer-	vivir-	
yo	hablaría	comería	viviría	-ía
tú	hablarías	comerías	vivirías	-ías
él, ella, Ud.	hablaría	comería	viviría	-ía
nosotros(as)	hablaríamos	comeríamos	viviríamos	-íamos
vosotros(as)	hablaríais	comeríais	viviríais	-íais
ellos, ellas, Uds.	hablarían	comerían	vivirían	-ían

The conditional is used in Spanish the same as in English to express what would happen if it were not for some other circumstance.

Yo iría pero no tengo tiempo.   *I would go but I don't have time.*
Ellos comerían con nosotros pero   *They would eat with us but they are on a diet.*
están a régimen.

114. Complete the following sentences with the appropriate form of the conditional of the indicated verb.

1. Ellos _____ en el mar pero el agua está fría. (*nadar*)
2. Yo _____ un soneto pero no soy poeta. (*escribir*)
3. El me _____ pero no tiene el dinero. (*pagar*)
4. Nosotros _____ el carro pero nadie lo quiere. (*vender*)
5. Ellos _____ en la capital pero cuesta demasiado. (*vivir*)
6. ¿Por qué no _____ tú en tren? (*ir*)
7. El _____ en seguida pero no hay vuelo hasta el martes. (*volver*)
8. Ellos _____ aquí pero tienen otras obligaciones. (*estar*)
9. Yo _____ la carta pero no tengo papel. (*escribir*)
10. Nosotros _____ el pollo pero no nos queda aceite. (*freír*)

Irregular Verbs

The same verbs that are irregular in the future are irregular in the conditional.

decir	**diría**
hacer	**haría**
querer	**querría**
caber	**cabría**
poder	**podría**
saber	**sabría**
poner	**pondría**
salir	**saldría**
tener	**tendría**
valer	**valdría**
venir	**vendría**

115. Rewrite the following sentences in the conditional.

1. Ellos vienen en seguida.
2. Tomás puede estar aquí para las ocho.
3. Nosotros sabemos todos los detalles.
4. Todos no caben porque el coche es pequeño.
5. ¿Quieres discutir el problema con el presidente?
6. Ellos hacen el trabajo sin ninguna dificultad.
7. Yo no tengo los informes necesarios.
8. Una esmeralda vale mucho dinero aquí.
9. Uds. lo ponen en orden.
10. Salimos lo más pronto posible.

116. Complete the following sentences with the correct form of the conditional of the indicated verb.

1. Yo _____ el viaje con mucho gusto pero la verdad es que no tengo el tiempo. (*hacer*)
2. ¿ _____ (tú) bastante dinero para hacer el viaje? (*tener*)

3. Ya lo creo. Yo sé que _____ suficiente dinero. Eso no _____ ningún problema. (*tener, ser*)

4. Y Paco _____ el viaje. (*hacer*)

5. El ya me dijo que _____ el tiempo. (*tener*)

6. Pero (él) nunca _____ el dinero. (*tener*)

7. Nosotros le _____ prestar el dinero. (*poder*)

8. El nos _____ cada céntimo. (*devolver*)

9. Sí, pero yo lo conozco bien. El no _____ tomar el dinero. (*querer*)

10. (Eso) le _____ vergüenza. (*dar*)

SPECIAL USES OF THE FUTURE AND CONDITIONAL

The future and conditional tenses are used to express probability. Note that the future is used to express a present probable action and the conditional is used to express a past probable action. Study the following.

¿Qué hora será?	*What time can it be?*
Serán las tres.	*It is probably about three o'clock.*
¿Qué hora sería?	*What time could it have been?*
Serían las tres.	*It was probably three o'clock.*

117. Rewrite the following sentences using either the future or conditional of probability.

1. Probablemente eran las ocho cuando ellos llegaron.
2. Probablemente ellos saben los resultados.
3. Probablemente los jóvenes no tienen miedo.
4. Su madre tenía (probablemente) unos cuarenta años.
5. Probablemente son las cinco y media.
6. Probablemente ella sale con Juan.
7. Probablemente vienen en avión.
8. Probablemente los convidados estaban entre los veinte y veinte y cinco años.

Indirect Discourse

The future and conditional tenses are used for indirect discourse. The future is used when the main clause is in the present. The conditional is used when the main clause is in the past.

Ellos dicen que vendrán en avión.	*They say that they will come by plane.*
Ellos dijeron que vendrían en avión.	*They said that they would come by plane.*

118. Rewrite the following sentences in the past.

1. Digo que no estaré presente.
2. Juan decide que hará el viaje.
3. Ellos dicen que terminarán el trabajo.
4. Dice que pronto lo sabrá.
5. Nosotros decimos que pondremos la mesa.
6. Ellos dicen que se pondrán de acuerdo.
7. La criada dice que servirá la comida.
8. Ellos dicen que no tendrán miedo.

COMPOUND TENSES

The compound tenses are formed by using the appropriate tense of the auxiliary verb **haber** and the past participle.

Formation of the Past Participle

The past participle is formed by dropping the infinitive ending and adding **-ado** to **-ar** verbs and **-ido** to **-er** and **-ir** verbs.

hablar	hablado
cantar	cantado
comer	comido
vender	vendido
vivir	vivido
pedir	pedido

The following verbs have irregular past participles.

abrir	abierto
cubrir	cubierto
descubrir	descubierto
escribir	escrito
freír	frito
romper	roto
ver	visto
morir	muerto
poner	puesto
volver	vuelto
decir	dicho
hacer	hecho

PRESENT PERFECT

The present perfect is formed by using the present tense of the verb **haber** with the past participle.

hablar	comer	abrir
he hablado	he comido	he abierto
has hablado	has comido	has abierto
ha hablado	ha comido	ha abierto
hemos hablado	hemos comido	hemos abierto
habéis hablado	habéis comido	habéis abierto
han hablado	han comido	han abierto

The present perfect tense is used to express a past action without reference to a particular time. It usually denotes an occurrence that continues into the present or relates closely to the present.

Mi abuelo ha estado enfermo.	*My grandfather has been ill.*
Ellos han llegado hoy.	*They have arrived today.*
Hemos comido allí.	*We have eaten there.*

The present perfect is commonly used with the adverb **ya**.

    Ya han llegado.   *They have already arrived.*

119. Complete the following sentences with the appropriate form of the present perfect of the indicated verb.

    1. Ellos _____ aquí. (*estar*)
    2. María _____ mi canción favorita. (*cantar*)
    3. Hasta ahora él no _____ a mi carta. (*contestar*)
    4. ¿ _____ Uds. el trabajo? (*empezar*)
    5. Yo _____ con él. (*hablar*)
    6. Tú nunca _____ con nosotros. (*comer*)
    7. Nosotros _____ en los suburbios. (*vivir*)
    8. ¿Dónde lo _____ Ud.? (*aprender*)
    9. Yo no _____ el telegrama. (*recibir*)
    10. Nosotros _____ el coche. (*vender*)

120. Complete the following sentences with the appropriate form of the present perfect of the indicated verb.

    1. ¿Por qué no _____ Uds. la ventana? (*abrir*)
    2. Yo lo _____ con una manta. (*cubrir*)
    3. Creo que ellos _____ otro planeta. (*descubrir*)
    4. Su perrito _____ . (*morir*)
    5. Yo lo _____ en la maletera del carro. (*poner*)
    6. Ellos no _____ todavía. (*volver*)
    7. Yo _____ el pollo en aceite de oliva. (*freír*)
    8. Ellas _____ el paquete. (*abrir*)
    9. Yo no lo _____ . (*ver*)
    10. El _____ mucho trabajo. (*hacer*)
    11. Nosotros se lo _____ . (*decir*)
    12. Ella me _____ varias cartas. (*escribir*)

121. Form sentences according to the model.

    ¿Tú quieres saber lo que yo he hecho hoy? *lavar los platos* → **Pues, yo he lavado los
                                                              platos.**

    1. limpiar la casa
    2. hacer la cama
    3. ir de compras
    4. lavar el carro
    5. escribir a mamá
    6. poner la mesa

122. Form sentences according to the model.

    ¿Van a volver? → **Pero es que ya han vuelto.**

    1. ¿Van a salir?
    2. ¿Van a hacer las maletas?
    3. ¿Van a poner el equipaje en la maletera?
    4. ¿Van a visitar a sus primos?
    5. ¿Van a ver a sus colegas?

PLUPERFECT

The pluperfect is formed by using the imperfect tense of the auxiliary verb **haber** with the past participle.

comprar	vivir	escribir
había comprado	había vivido	había escrito
habías comprado	habías vivido	habías escrito
había comprado	había vivido	había escrito
habíamos comprado	habíamos vivido	habíamos escrito
habíais comprado	habíais vivido	habíais escrito
habían comprado	habían vivido	habían escrito

The pluperfect is used the same in Spanish as in English to express a past action completed prior to another past action.

El había hablado y luego nos fuimos.   *He had spoken and then we left.*
Ellos ya habían terminado cuando yo salí.   *They had already finished when I left.*

123. Complete the following sentences with the appropriate form of the pluperfect of the indicated verb.

1. Nosotros _____ a tiempo. (*llegar*)
2. Ellos _____ allí. (*comer*)
3. Tú _____ el viaje, ¿no? (*preparar*)
4. Ud. _____ a Ramírez, ¿no? (*conocer*)
5. Yo _____ antes. (*volver*)
6. El niño _____ el cristal. (*romper*)
7. ¿Quién te lo _____ ? (*decir*)
8. Nosotros nunca _____ tal cosa. (*hacer*)
9. Yo no lo _____ . (*ver*)
10. El no lo _____ antes. (*oír*)
11. Nosotros ya _____ el carro. (*vender*)
12. Ella ya lo _____ . (*abrir*)

124. Rewrite the following sentences according to the model.

Yo salí y después él entró. → Yo ya había salido cuando él entró.

1. María cantó y después los gitanos bailaron.
2. Ellos comieron y después yo llegué.
3. Yo terminé el trabajo y después sonó el teléfono.
4. Yo conocí a Europa y después fui a Asia.
5. Los ladrones salieron y después el perro ladró.

PRETERITE PERFECT

The preterite perfect is formed by using the preterite of the verb **haber** and the past participle.

hube llegado
hubiste llegado
hubo llegado
hubimos llegado
hubisteis llegado
hubieron llegado

The preterite perfect is used only in very special cases. This is a very literary tense and is always preceded by a time expression such as **en cuanto** (*as soon as*), **luego que** (*as soon as*), **apenas** (*scarcely*), **cuando** (*when*).

Apenas hubieron llegado que salieron los otros.	*They had scarcely arrived when the others left.*
Luego que hubimos comido, empezó la conferencia.	*As soon as we had eaten, the lecture began.*

FUTURE PERFECT

The future perfect tense is formed by using the future of the auxiliary verb **haber** and the past participle.

cantar	**comer**	**salir**
habré cantado	habré comido	habré salido
habrás cantado	habrás comido	habrás salido
habrá cantado	habrá comido	habrá salido
habremos cantado	habremos comido	habremos salido
habreis cantado	habreis comido	habreis salido
habrán cantado	habrán comido	habrán salido

The future perfect tense is used to express a future action that will be completed prior to another future action. This particular tense is not used often.

Ellos habrán salido antes del concierto.	*They will have left before the concert.*

125. Complete the following sentences with the appropriate form of the future perfect of the indicated verb.

1. Nosotros ya _____ con el director. (*hablar*)
2. ¿Uds. no _____ al presidente antes? (*ver*)
3. Ellos te lo _____ antes de nuestra llegada. (*decir*)
4. Yo _____ la casa antes de salir para Venezuela. (*vender*)
5. El grupo _____ el problema antes de llegar a una solución. (*discutir*)
6. Nosotros _____ antes de tu salida. (*comer*)
7. Ellos ya _____ de España. (*volver*)
8. ¿_____ tú para mañana? (*decidir*)
9. El no lo _____ antes de la próxima expedición. (*descubrir*)
10. Yo te _____ antes. (*ver*)

CONDITIONAL PERFECT

The conditional perfect is formed by using the conditional of the auxiliary verb **haber** and the past participle.

jugar	**recibir**	**decir**
habría jugado	habría recibido	habría dicho
habrías jugado	habrías recibido	habrías dicho
habría jugado	habría recibido	habría dicho
habríamos jugado	habríamos recibido	habríamos dicho
habríais jugado	habríais recibido	habríais dicho
habrían jugado	habrían recibido	habrían dicho

The conditional perfect is used to express what would have taken place had something else not interferred. You will have need to use the conditional perfect much more frequently than the future perfect.

Ellos habrían hecho el viaje pero no tuvieron bastante dinero.
They would have taken the trip but they didn't have enough money.
El habría venido pero no tenía el coche.
He would have come but he didn't have the car.

126. Complete the following sentences with the appropriate form of the conditional perfect of the indicated verb.

1. Ellos _____ pero empezó a llover. (*terminar*)
2. Yo _____ pero no tenía hambre. (*comer*)
3. El _____ aquí pero no pudo encontrar apartamento. (*vivir*)
4. Ellos me lo _____ pero no me vieron. (*pedir*)
5. Nosotros _____ ayer pero no había vuelo. (*volver*)
6. Tú _____ , ¿no? (*insistir*)
7. Yo te _____ pero no pude. (*acompañar*)
8. Carlos me lo _____ pero no sabía los detalles. (*decir*)
9. Yo los _____ pero no vinieron. (*ver*)
10. Mamá me lo _____ pero no tenía bastante dinero. (*comprar*)

127. Form sentences according to the model.

Yo / comer / tener hambre → Yo habría comido pero no tenía hambre.

1. Yo / terminar / tener tiempo
2. El / beber algo / tener sed
3. Ellos / dormir / tener sueño
4. Nosotros / ponernos una chaqueta / tener frío
5. Yo / quitarme el suéter / tener calor
6. Tú / hacer algo / tener miedo

THE SUBJUNCTIVE

The use of the subjunctive usually appears to be quite difficult for the speaker of English. The reason for this is that the subjunctive is seldom used in English, whereas it is widely used in Spanish. However, the use of the subjunctive is most logical once one understands the meaning of the word *subjunctive* as contrasted with the word *indicative*. Many grammar books categorize the types of verbs or expressions that must be followed by the subjunctive. Categories such as desire, sentiment, volition, cause, demand, request, doubt, necessity, etc., are given. This nearly endless list is quite difficult to remember when attempting to speak the language. The basic rule for knowing when to use the subjunctive is this: *Subjunctive implies subjectivity. If there exists the possibility that the action about which I am speaking has not or may not take place it is necessary to use the subjunctive. However, if it is a realized fact that the action has taken or definitely will take place the indicative is used.* Because of the indefinite nature of the subjunctive it is almost always found in a dependent clause. It is introduced by some statement that lends subjectivity and vagueness to the definite realization of the action in the dependent clause. Study the following examples.

John is going to the store.
John went to the store.

In these two sentences the speaker is relating an objective fact. Therefore the indicative is used.

I want John to go to the store.
I tell John to go to the store.
I hope John goes to the store.
I prefer that John go to the store.
It is necessary for John to go to the store.
It is possible that John will go to the store.

In all of the above statements it is not fact that John will actually go to the store. For this reason all of these clauses would be in the subjunctive in Spanish. Whereas in English an infinitive construction is often used, in Spanish a clause must be used—*I want that John go to the store*. The only time a clause is not used is when there is no change of subject in the sentence.

I want to go to the store.

Note that the subjunctive may also be used in adverbial clauses.

I will see John as soon as he arrives.
I will see John when he arrives.

Since John has not yet arrived the subjunctive must be used since there is no absolute guarantee that he will arrive.

I saw John as soon as he arrived.
I saw John when he arrived.

Since John has in reality arrived, there is no need for the subjunctive. The indicative would be used.

FORMATION OF THE PRESENT SUBJUNCTIVE

Regular Verbs

To form the present subjunctive of all verbs, the first person singular of the present indicative is used. The personal ending **-o** is dropped. To the root are added the personal endings of the subjunctive. You will note that the personal endings of the present subjunctive are the reverse of those used for the indicative. The vowel **e** is used for **-ar** verbs and the vowel **a** is used for **-er** and **-ir** verbs.

hablar	**comer**	**vivir**
hable	coma	viva
hables	comas	vivas
hable	coma	viva
hablemos	comamos	vivamos
habléis	comáis	viváis
hablen	coman	vivan

Stem-changing Verbs

Stem-changing verbs of the first class have the same change pattern as followed·in the present indicative.

sentar	contar	perder	poder
siente	cuente	pierda	pueda
sientes	cuentes	pierdas	puedas
siente	cuente	pierda	pueda
sentemos	contemos	perdamos	podamos
sentéis	contéis	perdáis	podáis
sienten	cuenten	pierdan	puedan

Stem-changing verbs of the second class have an additional change in the first and second person plural. The first and second person plural have an **i** or **u.**

preferir	dormir
prefiera	duerma
prefieras	duermas
prefiera	duerma
prefiramos	durmamos
prefiráis	durmáis
prefieran	duerman

Stem-changing verbs of the third class have the **i** in the stem of all forms of the present subjunctive.

pedir	seguir
pida	siga
pidas	sigas
pida	siga
pidamos	sigamos
pidáis	sigáis
pidan	sigan

Irregular Verbs

infinitive	first person indicative	subjunctive
decir	digo	diga
hacer	hago	haga
oír	oigo	oiga
poner	pongo	ponga
tener	tengo	tenga
traer	traigo	traiga
salir	salgo	salga
valer	valgo	valga
venir	vengo	venga
conducir	conduzco	conduzca
conocer	conozco	conozca
traducir	traduzco	traduzca
construir	construyo	construya
influir	influyo	influya
caber	quepo	quepa

The verbs **dar, ir, ser, estar,** and **saber** are irregular in the present subjunctive.

dar	ir	ser	estar	saber
dé	vaya	sea	esté	sepa
des	vayas	seas	estés	sepas
dé	vaya	sea	esté	sepa
demos	vayamos	seamos	estemos	sepamos
deis	vayáis	seáis	estéis	sepáis
den	vayan	sean	estén	sepan

USES OF THE PRESENT SUBJUNCTIVE

In Noun Clauses

As has already been explained the subjunctive is required in clauses following verbs which denote a subjective idea or opinion. Such common verbs are:

querer	*to want*
esperar	*to hope*
estar contento	*to be happy*
sentir	*to regret*
preferir	*to prefer*
temer	*to fear*
tener miedo de	*to be afraid*
mandar	*to order*
insistir en	*to insist*
prohibir	*to prohibit*

In present-day speech it is common to hear also the future indicative after the verbs **esperar** and **temer.**

128. Complete the following sentences with the correct subjunctive forms of the indicated verbs.

    1. Yo quiero que Uds. _____ . (*hablar, comer, escribir, volver, dormir, seguir, venir, salir, conducir*)

    2. Ella prefiere que nosotros _____ . (*terminar, prometer, empezar, servir, volver, salir, estar presentes, ir*)

    3. ¿Por qué mandas que yo _____ ? (*trabajar, leer, insistir, seguir, venir, dormir, salir, conducir, ir, ser así*)

    4. El teme que tú no _____ . (*estudiar, comer, volver, salir, dormir*)

129. Rewrite the following sentences according to the model.

    Quiero que...Uds. están aquí. → Quiero que Uds. estén aquí.

    1. Quiero que:

        Uds. lo pasan bien.

        El come más.

        Ellos viven aquí.

        Juanito devuelve el dinero.

María lo repite.

Uds. lo saben.

Ud. hace el viaje conmigo.

2. Mandamos que:

Uds. lo aprenden.

Los niños no fuman.

El estudia más.

Tú lees la novela.

Ellos traducen el poema.

El camarero sirve la comida.

3. Ella espera:

Yo los conozco.

Hacemos el viaje.

Ponemos todo en orden.

Tú sabes los detalles.

Uds. están bien.

Visitamos a San Francisco.

4. Prefiero que:

Llevas aquel traje.

Viajan por México.

Vienes aquí.

Uds. lo compran.

Los chicos no lo saben.

Establecen el negocio aquí.

Vives cerca de nosotros.

5. Insisten en que:

Aprendemos español.

Terminas mañana.

Haces el trabajo.

Comprendemos su problema.

Vamos a casa.

El niño es bilingüe.

130. Answer the following questions with complete sentences.

1. ¿Quieres que yo te acompañe a la consulta del médico?
2. ¿Prefieres que yo conduzca el carro?
3. ¿Quieres que yo hable con el médico?
4. ¿Deseas que yo te espere?
5. ¿Tienes miedo de que el médico te dé una inyección?
6. ¿Temes que la inyección te haga daño?
7. ¿Tienes miedo de que el médico te mande al hospital?
8. ¿Insistirá el médico en que guardes cama?
9. ¿Prohibirá el médico que fumes?
10. ¿Querrá el médico que sigas un régimen?

131. Complete the following sentences with the appropriate form of the indicated verb.

1. Insisten en que nosostros _____ allí. (*comer*)
2. El tiene miedo de que Uds. _____ tarde. (*llegar*)
3. Carlos prefiere que tú _____ el coche. (*conducir*)
4. Ella quiere que nosotros _____ en tren. (*viajar*)
5. Yo prefiero que tú _____ con tus planes. (*seguir*)
6. Ella espera que todo _____ bien con Uds. (*estar*)
7. Yo quiero que Uds. _____ la novela. (*leer*)
8. El insiste en que tú lo _____ . (*repetir*)
9. Estamos contentos de que Uds. _____ salir. (*poder*)
10. Ellos temen que nosotros no lo _____ . (*saber*)
11. Siento mucho que Uds. no _____ . (*venir*)
12. El manda que yo _____ más trabajo. (*hacer*)
13. Tememos que ellos no _____ a la reunión. (*asistir*)
14. Mis padres prohiben que yo _____ en casa. (*fumar*)
15. El quiere que nosotros _____ su obra. (*traducir*)

With Impersonal Expressions

The subjunctive is also required after many impersonal expressions that denote an element of subjectivity.

es necesario	*it is necessary*
es preciso	*it is necessary*
es menester	*it is necessary*
es posible	*it is possible*
es imposible	*it is impossible*
es probable	*it is probable*
es bueno	*it is good*
es malo	*it is bad*
es mejor	*it is better*
es lástima	*it is a pity*
es raro	*it is rare*
es importante	*it is important*
es fácil	*it is easy*
es difícil	*it is difficult*
es aconsejable	*it is advisable*
conviene	*it is proper, fitting, convenient*
basta	*it is enough, sufficient*
importa	*it is important*

132. Complete the following sentences with the appropriate form of the subjunctive of the indicated verb.

1. Es posible que él lo _____ . (*preparar, leer, recibir, tener, hacer, pedir, preferir, saber*)
2. Es difícil que nosotros lo _____ . (*encontrar, perder, recibir, producir, hacer, conseguir*)
3. Es necesario que tú lo _____ . (*terminar, comer, comprender, escribir, traer, hacer, medir, repetir*)

4. Es probable que yo _____ . (*regresar, salir, ir, estar, seguir*)

5. Es importante que ella lo _____ . (*preparar, leer, decir, traducir, traer, conducir*)

133. Introduce the following sentences with the indicated expression.

1. Nosotros recibimos los resultados. (*Es importante*)
2. Ellos llegan por la mañana. (*Conviene que*)
3. El chico estudia más. (*Es necesario*)
4. Ellos vuelven pronto. (*Es posible*)
5. El héroe pierde el juego. (*Es imposible*)
6. Todos están presentes. (*Es mejor*)
7. Ellos traen los refrescos. (*Es probable*)
8. Yo se lo digo a él. (*Basta que*)
9. Vamos al mercado. (*Es preciso*)
10. El aprende español. (*Es fácil*)
11. Ellos no asisten. (*Es raro*)
12. Estás enfermo. (*Es lástima*)
13. Ellos escriben la carta. (*Es bueno*)
14. Tú hablas con el médico. (*Es aconsejable*)
15. Salimos en seguida. (*Es difícil*)

With Expressions of Doubt

When a clause is introduced by a statement of doubt, the subjunctive is used in the dependent clause. However, if the introductory statement implies certainty, the indicative is used. The following are expressions followed by the subjunctive:

no creer	*not to believe*
dudar	*to doubt*
es dudoso	*it is doubtful*
es incierto	*it is uncertain*
no es cierto	*it is not certain*
no estar seguro	*not to be sure*

The following are expressions followed by the indicative:

creer	*to believe*
no dudar	*not to doubt*
es cierto	*it is certain*
estar seguro	*to be sure*
no es dudoso	*it is not doubtful*
no hay duda	*there is no doubt*

You will note that many expressions that take the indicative are followed by the future tense.

Creo que ellos estarán aquí.	**No creo que estén aquí.**
No dudo que él lo sabrá.	**Dudo que él lo sepa.**
Es cierto que ellos vendrán.	**Es incierto que ellos vengan.**

134. Complete the following sentences with the appropriate form of the indicated verb.

    1. Creo que ellos _____ . (*estar aquí, llegar temprano, comer aquí, salir temprano, hacer el trabajo*)

    2. Dudo que ellos lo _____ . (*preparar, leer, recibir, saber, hacer, tener, repetir*)

135. Answer the following questions according to the indicated cue.

    1. ¿Crees que Juan lo sabrá? (*Sí*)

    2. ¿Crees que ellos llegarán mañana? (*No*)

    3. ¿Dudas que Juan venga? (*Sí*)

    4. ¿Dudas que Pepe tenga los detalles? (*No*)

    5. ¿Es cierto que tú asistirás? (*No*)

    6. ¿Hay duda que tus amigos vengan? (*No*)

136. Complete the following sentences with the correct form of the indicated verb.

    1. Es cierto que ellos _____ aquí mañana. (*estar*)

    2. Dudo que tú lo _____ terminar. (*poder*)

    3. No creo que Uds. lo _____ . (*tener*)

    4. No hay duda que nosotros _____ . (*volver*)

    5. Es dudoso que el profesor _____ . (*asistir*)

    6. Dudamos que ellos _____ tal viaje. (*hacer*)

    7. Estoy seguro de que él _____ . (*contestar*)

    8. Es incierto que _____ hoy los resultados. (*llegar*)

With Special Verbs

    Many verbs which imply a command, order, or advice also take the subjunctive since it is not definite whether or not the order or advice will be carried out. These verbs work in a somewhat special way in that the indirect object of the main clause also functions as the subject of the dependent clause. (See *Indirect Object Pronouns* in Chapter 6.)

    Le aconsejo **a María** que venga aquí.

    Juan **me** pide que **yo** lo ayude.

    Mi padre **nos** dice que volvamos temprano.

    Verbs that function in such a way are:

decir	*to tell*
escribir	*to write*
pedir	*to ask*
rogar	*to beg*
mandar	*to order*
exigir	*to demand*
aconsejar	*to advise*
recomendar	*to recommend*
sugerir	*to suggest*

    Note that with the verbs **decir** and **escribir** the subjunctive is used only when a command or an order is implied. When telling or writing someone about something, the indicative is used.

Yo le digo a Carlos que estudie.	*I tell Charles to study.*
El me escribe que yo vuelva a casa.	*He writes me to return home.*
Carlos me dice que él no puede asistir.	*Charles tells me that he cannot attend.*
María me escribe que su padre está enfermo.	*Mary writes me that her father is ill.*

137. Rewrite the following sentences with the appropriate form of the indicated verbs.

1. Yo le digo a Carlos que _____ más. (*trabajar, estudiar, comer, leer, escribir*)
2. Yo les aconsejo a ellos que no lo _____ . (*comprar, vender, pedir, servir, hacer, traer, traducir*)
3. Mi madre me ruega que no _____ . (*fumar, salir, ir, seguir, dormir*)
4. El señor nos sugiere que _____ . (*esperar, trabajar, prometer, volver, salir, conducir*)
5. Yo te exijo que lo _____ . (*preparar, anunciar, devolver, escribir, repetir, hacer*)

138. Complete the following sentences with the appropriate form of the indicated verb.

1. Ellos nos aconsejan que _____ presentes. (*estar*)
2. Yo te recomiendo que _____ el viaje. (*hacer*)
3. Le decimos a él que _____ todo en orden. (*poner*)
4. Yo les sugiero que _____ en aquel restaurante. (*comer*)
5. El nos manda que _____ en seguida. (*volver*)
6. El me aconseja que yo _____ la casa. (*vender*)
7. Ella nos ruega que _____ frecuentemente. (*escribir*)
8. Yo les pido que _____ ahora. (*salir*)
9. Te exigimos que nos lo _____ . (*decir*)
10. El nos escribe que lo _____ . (*visitar*)

139. Complete the following sentences with the appropriate form of the indicated verb.

1. Carlos nos dice que _____ al concierto. (*asistir*)
2. Carlos nos dice que él _____ al concierto. (*asistir*)
3. María me escribe que yo _____ el viaje. (*hacer*)
4. María me escribe que ella _____ un viaje a México. (*hacer*)
5. Elene me dice que su padre _____ enfermo. (*estar*)

In Relative Clauses

Indefinite antecedent

The subjunctive is used in relative clauses when the antecedent (the word the clause modifies) is indefinite. If the antecedent is definite, the indicative is used. Note that the *a personal* is omitted when the object is indefinite.

Conozco a un médico que habla español	*I know a doctor who speaks Spanish.*
Necesito un médico que hable español.	*I need a doctor who speaks Spanish.*
Conozco a un secretario que sabe español.	*I know a secretary who knows Spanish.*
Busco un secretario que sepa español.	*I am looking for a secretary who knows Spanish.*

140. Complete the following sentences with the correct form of the indicated expressions.

1. Conozco a una secretaria que _____ . (*hablar español, escribir bien, saber taquigrafía*)
2. Necesito una secretaria que _____ . (*hablar español, escribir bien, saber taquigrafía*)

141. Rewrite the following sentences according to the model.

Conozco a una chica.   Sabe francés. → Conozco a una chica que sabe francés.

1. Busco un secretario. Sabe taquigrafía.
2. Tengo una falda. Juega bien con esta blusa.
3. Quiero comprar una falda. Juega bien con esta blusa.
4. Necesitamos un dentista. Vive cerca.
5. Tengo un puesto. Es estupendo.
6. Quiero un puesto. Me paga bien.

142. Complete the following sentences with the appropriate form of the indicated verb.

1. Conozco a un matador que siempre _____ una oreja. (*recibir*)
2. Quiero un diccionario que _____ bueno. (*ser*)
3. Busco un taxi que _____ libre. (*estar*)
4. Queremos un asistente que _____ español. (*hablar*)
5. Quiero comprar una casa que _____ cuatro dormitorios. (*tener*)
6. Ellos tienen una casa que _____ dos pisos. (*tener*)

With superlatives

The subjunctive is also used in a relative clause which modifies a superlative expression since the superlative expression is considered to be an exaggeration.

143. Complete the following sentences with the appropriate form of the indicated verb.

1. Es el mejor libro que yo _____ . (*tener*)
2. Es la ciudad más cosmopolita que _____ en este mundo. (*existir*)
3. Es la peor cosa que él _____ decir. (*poder*)
4. Carlos es la persona más simpática que yo _____ . (*conocer*)

With negative expressions

The subjunctive is also used in a clause which modifies a negative word or expression. As with superlatives the statement is considered to be an unrealistic exaggeration.

No hay nadie que lo sepa.
No hay ningún puesto que pague bien.

144. Complete the following sentences with the appropriate form of the indicated verb.

1. ¿No hay nadie aquí que te _____ ? (*ayudar*)
2. No hay ningún restaurante aquí que _____ comida española. (*servir*)
3. El no tiene nada que _____ de mucho valor. (*ser*)
4. ¿No puedes encontrar a nadie que lo _____ ? (*saber*)
5. No hay nada que le _____ a aquel niño. (*asustar*)

145. Rewrite the following sentences in the negative.

    1. Hay un diccionario que incluye todas las palabras.
    2. Hay alguien que lo tiene.
    3. Tengo una falda que juega con aquella blusa.
    4. Conozco a alguien que te puede ayudar.
    5. Hay un tren que va a aquel pueblecito.

After *por...que*

    The subjunctive is used after adjective and adverbial expressions introduced by **por** since they imply uncertainty.

Por atrevidos que sean, no van a ganar la batalla.	*However daring they may be, they will not win the battle.*
Por mucho que Ud. diga, no le va a hacer caso.	*However much you may say, he will not pay any attention to you.*

146. Complete the following sentences with the appropriate form of the indicated verb.

    1. Por rico que _____ , no nos ayudará. (*ser*)
    2. Por valiente que _____ , no va a ganar. (*ser*)
    3. Por más dinero que _____ , no te prestará nada. (*tener*)
    4. Por mucho que él _____ , nunca estará satisfecho. (*recibir*)
    5. Por sencilla que _____ la pregunta, él no sabrá la respuesta. (*ser*)

In Indefinite Expressions with...*quiera*

    Many words are made indefinite by adding...**quiera.** Such words are followed by the subjunctive.

quienquiera	*whoever*
cuandoquiera	*whenever*
dondequiera	*wherever*
comoquiera	*however*
cualquiera	*whatever*

Quienquiera que sea, no te podrá ayudar.	*Whoever it may be, he will not be able to help you.*
Dondequiera que vayas, no verás tal belleza.	*Wherever you may go, you will not see such beauty.*

147. Complete the following sentences with the appropriate form of the indicated verb.

    1. Quienquiera que lo _____ , debe decírnoslo. (*saber*)
    2. Yo te ayudaré con cualquier problema que _____ . (*tener*)
    3. Dondequiera que Uds. _____ , no verán ciudad más bella. (*viajar*)
    4. Cuandoquiera que él _____ , yo lo estaré esperando. (*volver*)
    5. Comoquiera que nosotros _____ , él dirá que hay mejor manera. (*trabajar*)

THE IMPERFECT SUBJUNCTIVE

The imperfect subjunctive is used in those cases in which the subjunctive is required but the verb of the main clause is in the past tense or conditional. Note the following sequence of tenses.

Main Clause	Dependent Clause
Present }	
Future }	*present subjunctive*
Imperfect }	
Preterite }	*imperfect subjunctive*
Conditional }	

El quiere que tú lo hagas.
El querrá que tú lo hagas.

El quería que tú lo hicieras.
El quiso que tú lo hicieras.
El querría que tú lo hicieras.

FORMATION OF THE IMPERFECT SUBJUNCTIVE

The third person plural of the preterite serves as the root for the imperfect subjunctive. To this root are added the personal endings **-ara, -aras, -ara, -áramos, -arais, -aran** to **-ar** verbs and **-iera, -ieras, -iera, -iéramos, -ierais, -ieran** to **-er** and **-ir** verbs.

hablar	comer	vivir
hablara	comiera	viviera
hablaras	comieras	vivieras
hablara	comiera	viviera
habláramos	comiéramos	viviéramos
hablarais	comierais	vivierais
hablaran	comieran	vivieran

The imperfect subjunctive has two forms. The following form is less frequently used in conversation but will be found in literary selections.

hablase	comiese	viviese
hablases	comieses	vivieses
hablase	comiese	viviese
hablásemos	comiésemos	viviésemos
hablaseis	comieseis	vivieseis
hablasen	comiesen	viviesen

The imperfect subjunctive of stem-changing and irregular verbs follows a regular pattern. The third person of the preterite tense serves as the root. Study the following examples.

Infinitive	*Preterite*	*Imperfect subjunctive*
sentir	**sintieron**	**sintiera**
morir	**murieron**	**muriera**
pedir	**pidieron**	**pidiera**

Infinitive	*Preterite*	*Imperfect subjunctive*
andar	anduvieron	anduviera
estar	estuvieron	estuviera
tener	tuvieron	tuviera
poder	pudieron	pudiera
poner	pusieron	pusiera
saber	supieron	supiera
hacer	hicieron	hiciera
querer	quisieron	quisiera
venir	vinieron	viniera

Note that the following irregular verbs have the endings **-era** instead of **-iera,** and **-eran** instead of **-ieran.**

decir	dijeron	dijera
traer	trajeron	trajera
conducir	condujeron	condujera
producir	produjeron	produjera
traducir	tradujeron	tradujera
atribuir	atribuyeron	atribuyera
construir	construyeron	construyera
contribuir	contribuyeron	contribuyera
leer	leyeron	leyera
ir	fueron	fuera
ser	fueron	fuera

USES OF THE IMPERFECT SUBJUNCTIVE

In Noun Clauses

The same noun clauses that require the present subjunctive require the imperfect subjunctive when the verb of the main clause is in the imperfect, preterite, or conditional.

Prefería que nosotros saliéramos.
Prefirió que nosotros saliéramos.
Preferiría que nosotros saliéramos.

148. Complete the following sentences with the appropriate form of the indicated verbs.

1. Los padres querían que sus hijos _____ . (*estudiar, trabajar, comer, aprender, volver, salir, conducir, venir*)
2. El prohibió que nosotros _____ . (*nadar, viajar, volver, salir, contribuir, traducir, ir*)
3. El te aconsejaría que lo _____ . (*terminar, empezar, comer, vender, escribir, leer, construir, hacer, pedir, traer*)

149. Complete the following sentences with the appropriate form of the indicated verb.

1. El insistió en que yo _____ en seguida. (*terminar*)
2. Ella prohibió que nosotros _____ café. (*beber*)
3. Ellos preferían que nosotros no _____ . (*cantar*)

4. El prefirió que tú _____ con una familia. (*vivir*)
5. Su padre insistió en que Juan _____ . (*estudiar*)
6. El me aconsejaría que yo _____ temprano. (*salir*)
7. El profesor no quería que nosotros _____ la poesía. (*traducir*)
8. Ella les escribió que _____ en seguida. (*volver*)
9. El profesor exigió que todos _____ a la reunión. (*ir*)
10. El insistiría en que tú le _____ en español. (*hablar*)
11. El quería que yo se lo _____ . (*decir*)
12. Ellos insistieron en que nosotros los _____ . (*acompañar*)
13. Yo sé que él exigiría que tú _____ presente. (*estar*)
14. Ella mandó que ellos lo _____ . (*vender*)
15. El quería que yo _____ con toda la familia. (*venir*)

150. Introduce the following statements with the indicated expression.

1. Aprendemos español. (*Insistía en que*)
2. Uds. lo compran. (*Preferí que*)
3. El camarero sirve la comida. (*Mandaron que*)
4. El come más. (*Querían que*)
5. Ud. no lo sabe. (*Ella tendría miedo de que*)
6. No sales. (*El te anconsejaría que*)
7. Llegamos temprano. (*Ella estaba contenta que*)
8. Tú no lo repites. (*Ellos temían*)

151. Rewrite the following sentences changing the main verb to the imperfect.

1. Insisten en que comamos con ellos.
2. Tienen miedo de que no vuelvas.
3. Ella prefiere que vengas a las ocho.
4. Quieren que hagamos el viaje en tren.
5. Insiste en que tú lo repitas.
6. Temen que no lo sepamos.
7. Prohiben que yo fume.
8. Te piden que lo termines.

With Impersonal Expressions

The imperfect subjunctive is used after impersonal expressions when the main verb is in the imperfect, preterite, or conditional.

Era necesario que tú estuvieras presente.
Fue necesario que estuvieras presente.
Sería necesario que estuvieras presente.

152. Complete the following sentences with the appropriate form of the indicated verb.

1. Era preciso que nosotros _____ en este barrio. (*vivir*)
2. Sería mejor que él no _____ nada de eso. (*saber*)
3. Era dudoso que él _____ la cuenta. (*pagar*)
4. Fue necesario que yo no _____ nada. (*decir*)
5. Era imposible que ella te _____ en dialecto. (*hablar*)
6. Sería aconsejable que tú _____ el idioma. (*aprender*)
7. Fue fácil que ella _____ sola. (*viajar*)
8. Era mejor que nosotros _____ en casa. (*comer*)

9. Fue necesario que ellos _____ allí. (*trabajar*)
10. Era lástima que él no lo _____ . (*hacer*)

In Relative Clauses

The imperfect subjunctive is used in relative clauses modifying an indefinite antecedent when the verb of the main clause is in the imperfect, preterite, or conditional.

153. Complete the following sentences with the appropriate form of the indicated verb.

1. Ella buscaba una secretaria que _____ español. (*hablar*)
2. El tenía una secretaria que _____ español. (*hablar*)
3. Yo quería leer un libro que _____ de la guerra. (*tratar*)
4. Yo leí un libro que _____ sumamente interesante. (*ser*)
5. Necesitábamos una casa que _____ cerca de la ciudad. (*estar*)
6. Yo miré los cuadros que _____ del museo. (*sacar*)
7. ¿Tendría Ud. unos cuadros que _____ de Picasso? (*ser*)
8. El necesitaría un médico que _____ especialista. (*ser*)
9. Por barato que _____ , ella no lo compraría. (*ser*)
10. Dondequiera que _____ , no encontrarías lugar más bonito. (*ir*)

THE SUBJUNCTIVE WITH ADVERBIAL CONJUNCTIONS

Conjunctions of Time

The subjunctive is used with adverbial conjunctions of time when the verb of the main clause is in the future, since you cannot be certain if the action in the adverbial clause will actually take place. When the verb is in the past, however, the indicative and not the subjunctive is used, since the action has already been realized.

Yo le hablaré cuando venga.	*I will speak to him when he comes.*
Yo le hablé cuando vino.	*I spoke to him when he came.*
Ella me reconocerá en cuanto me vea.	*She will recognize me as soon as she sees me.*
Ella me reconoció en cuanto me vio.	*She recognized me as soon as she saw me.*

Common adverbial conjunctions of time are:

cuando	*when*
en cuanto	*as soon as*
tan pronto como	*as soon as*
luego que	*as soon as*
hasta que	*until*
después de que	*after*

The conjunction **antes de que** (*before*) is an exception. It always takes the subjunctive. If the verb of the main clause is in the past, the imperfect subjunctive is used after **antes de que.**

Ellos saldrán antes de que lleguemos.	*They will leave before we arrive.*
Ellos salieron antes de que llegáramos.	*They left before we arrived.*

154. Complete the following sentences with the appropriate form of the indicated verbs.

1. Ellos saldrán en cuanto nosotros _____ . (*hablar, comenzar, comer, salir, llegar, servir*)
2. Ellos salieron en cuanto nosotros _____ . (*hablar, comenzar, comer, salir, llegar, servir*)
3. Yo esperaré hasta que Uds. _____ . (*terminar, cantar, comer, salir, llegar, volver*)
4. Yo esperé hasta que Uds. _____ . (*terminar, cantar, comer, salir, llegar, volver*)
5. Ellas se marcharán tan pronto como tú _____ . (*llegar, terminar, empezar, salir, volver*)
6. Ellas se marcharon tan pronto como tú _____ . (*llegar, terminar, empezar, salir, volver*)
7. Ella hablará antes de que yo _____ . (*hablar, terminar, volver, salir*)
8. Ella habló antes de que yo _____ . (*hablar, entrar, terminar, volver, salir*)

155. Complete the following sentences with the appropriate form of the indicated verb.

1. Ellos no comieron hasta que su padre _____ de su trabajo. (*volver*)
2. No iremos al parque hasta que _____ Uds. (*venir*)
3. No me llamó a mí hasta que yo lo _____ a él. (*llamar*)
4. Ellos saldrán en cuanto _____ el programa. (*terminar*)
5. Servirán más en cuanto nosotros _____ con esto. (*terminar*)
6. El me lo dijo en cuanto me _____ . (*ver*)
7. Ella escribió tan pronto como _____ mi carta. (*recibir*)
8. Lo veremos tan pronto como _____ . (*entrar*)
9. El me lo dio cuando _____ . (*volver*)
10. Ellos lo mandarán cuando _____ en Buenos Aires. (*estar*)
11. Será mañana cuando ellos nos _____ . (*visitar*)
12. Lo compraremos antes de que María lo _____ . (*saber*)
13. Ellos volvieron antes de que nosotros _____ . (*salir*)
14. El terminó antes de que yo _____ ayudar. (*poder*)
15. Nosotros volveremos antes de que Uds. _____ a Europa. (*ir*)

With *aunque*

Often with adverbial conjunctions, the speaker determines whether or not he or she is going to use the subjunctive. This depends upon the idea he or she wishes to convey. Study the following examples.

El saldrá aunque llueva.

Here the meaning conveyed is that he will go out even though it may rain. It is not definite whether it will rain or not.

El saldrá aunque llueve.

Here the meaning conveyed is that he will go out even though it is raining. It is already an established fact that it is raining.

156. Complete the following sentences with the appropriate form of the indicated verb according to the idea conveyed in parentheses.

1. Ellos vendrán aunque no _____ yo. (*estar*) (No saben si voy a estar.)
2. Voy al centro aunque _____ . (*llover*) (Está lloviendo ahora.)

3. No voy a terminar aunque _____ todo el día. (*trabajar*) (No sé si voy a trabajar tanto.)
4. El no lo comprará aunque _____ rico. (*ser*) (No sé si es rico.)
5. El lo hará aunque no _____ hacerlo. (*saber*) (No sabe hacerlo.)
6. Yo lo haré aunque él me _____ que no. (*decir*) (Posiblemente él me dirá que no.)
7. Ellas no trabajarán aquí aunque les _____ más. (*pagar*) (Les pagarán más.)
8. Yo le hablaré aunque no lo _____ . (*conocer*) (Sé que no lo conozco.)

Other Conjunctions

The following conjunctions also take the subjunctive.

sin que	*without*
con tal de que	*provided that*
en caso de que	*in case*
a menos que	*unless*
a pesar de que	*in spite of*

El saldrá sin que ellos lo sepan.
El salió sin que ellos lo supieran.

Yo no haré el viaje a menos que lo hagas tú.
Yo no haría el viaje a menos que lo hicieras tú.

157. Complete the following sentences with the appropriate form of the indicated verb.

1. Yo podré hacerlo sin que ellos me _____ . (*ayudar*)
2. No podríamos hacerlo sin que tú nos _____ . (*ayudar*)
3. En caso de que ellos no _____ a tiempo, no podré esperar. (*llegar*)
4. Yo iría con tal de que _____ Uds. (*ir*)
5. Yo iré con tal de que _____ Uds. (*ir*)
6. A pesar de que él lo _____ , no me lo dirá. (*saber*)
7. Ellos no vendrán a menos que _____ tú. (*estar*)
8. Ellos no vendrían a menos que _____ tú. (*venir*)
9. El me prestará el dinero a pesar de que no _____ mucho. (*tener*)
10. El hablará con tal de que no _____ por más de media hora. (*ser*)

Conjunctions of Purpose

The following conjunctions of purpose normally take the subjunctive.

de manera que	*so that*
de modo que	*so that*
para que	*in order that*
a fin de que	*in order that*

El lo hará de manera que nos sea fácil.
El lo haría de manera que nos fuera fácil.

Ella habla así para que comprendamos.
Ella habló así para que comprendiéramos.

Note that in very special cases when the speaker is sure that the desired result was realized, the indicative can be used.

El capitán quemó el barco de modo que no pudo subir el enemigo.

The captain burnt the ship so that the enemy could not board. (And the enemy didn't.)

158. Complete the following sentences with the appropriate form of the indicated verb.

1. Carmen lo explicará de manera que nosotros lo _____ . (*aprender*)
2. El lo hizo de modo que _____ bien. (*salir*)
3. El da el modelo para que Uds. lo _____ . (*seguir*)
4. Yo lo explicaría de manera que _____ más fácil. (*ser*)
5. Ella lo repetirá para que Ud. lo _____ . (*comprender*)
6. Ella les manda dinero a fin de que _____ mejor. (*vivir*)
7. Lo repetimos para que Uds. _____ exactamente lo que decimos. (*saber*)
8. Damos agua a las plantas para que _____ las flores. (*brotar*)

Quizá, Tal vez, Ojalá

The expressions **quizá, tal vez** (*perhaps*) and **ojalá** (*would that*) can be followed by either the present or imperfect subjunctive.

¡Quizá esté presente!   *Perhaps he is present.*
¡Quizá estuviera presente!   *Perhaps he was present.*
¡Ojalá vengan ellos!   *Would that they come.*
¡Ojalá vinieran ellos!   *Would that they would come.*

Ojalá is a word derived from the Arabic. It actually invokes the name of Allah.

159. Rewrite the following sentences according to the model.

Viene con nosotros. → ¡Ojalá vengan con nosotros!
                        ¡Tal vez vengan con nosotros!

1. Esperan hasta que lleguemos.
2. Salen ellos.
3. Vuelven pronto.
4. Conoces a Juan.
5. Estás contento.
6. Llegan pronto.
7. Nos ayudan.
8. Lo saben.

Quisiera

The imperfect subjunctive form **quisiera** is commonly used in independent clauses. It is a more polite form than **quiero**, etc., and is equivalent to the polite English *"I would like"* rather than *"I want."*

160. Rewrite the following sentences in the polite form.

    1. Quiero un vaso de agua.
    2. ¿Quieres dar un paseo?
    3. ¿Quiere Ud. bailar?
    4. ¿Quieren Uds. accompañarnos?
    5. Queremos ver la película.

PRESENT PERFECT SUBJUNCTIVE

The present perfect subjunctive is formed by using the present subjunctive of the auxiliary verb **haber** and the past participle.

hablar	comer	vivir
haya hablado	haya comido	haya vivido
hayas hablado	hayas comido	hayas vivido
haya hablado	haya comido	haya vivido
hayamos hablado	hayamos comido	hayamos vivido
hayáis hablado	hayáis comido	hayáis vivido
hayan hablado	hayan comido	hayan vivido

The present perfect subjunctive is used when a present or future verb in a main clause governs a subjunctive verb which refers to a past action.

No creo que ellos hayan llegado.   *I don't believe they have arrived.*
No creará que tú hayas llegado.   *He won't believe that you have arrived.*

161. Complete the following sentences with the appropriate form of the present perfect subjunctive of the indicated verb.

    1. Ella está contenta de que tú _____ . (*llegar*)
    2. El tiene miedo de que nosotros les _____ todo. (*decir*)
    3. Es posible que ellos no te _____ . (*conocer*)
    4. No creo que él _____ . (*terminar*)
    5. Es una lástima que Uds. _____ tanto. (*sufrir*)
    6. Espero que Ud. lo _____ bien. (*pasar*)
    7. Es raro que Ud. no _____ tal cosa. (*ver*)
    8. Es posible que nosotros _____ otros. (*hacer*)
    9. No creen que ella lo _____ . (*terminar*)
    10. Es imposible que él lo _____ . (*ver*)

162. Rewrite the following sentences putting the action of the dependent clause in the past.

    1. Es dudoso que ellos no lo comprendan.
    2. Ellos saldrán después de que Ud. llegue.
    3. No sabrán nada hasta que nosotros volvamos.
    4. Ellos dudan que yo haga tanto.
    5. Es imposible que tú lo termines.
    6. Es raro que ella no diga nada.
    7. No creo que vengan ellos.
    8. Es probable que él coma.
    9. Es dudoso que ellos lo sepan.
    10. Es posible que ella lo descubra.

PLUPERFECT SUBJUNCTIVE

The pluperfect subjunctive is formed by using the imperfect subjunctive of the auxiliary verb **haber** and the past participle.

hablar	comer	vivir
hubiera hablado	hubiera comido	hubiera vivido
hubieras hablado	hubieras comido	hubieras vivido
hubiera hablado	hubiera comido	hubiera vivido
hubiéramos hablado	hubiéramos comido	hubiéramos vivido
hubierais hablado	hubierais comido	hubierais vivido
hubieran hablado	hubieran comido	hubieran vivido

The pluperfect subjunctive is used in clauses which require the subjunctive when the main verb is in a past tense and the action of the verb of the dependent clause was completed prior to that of the governing verb.

El quería que hubiéramos llegado antes.	*He wanted us to have arrived before.*
El habría preferido que tú lo hubieras sabido de antemano.	*He would have preferred that you had known it beforehand.*
El no creyó que ellos hubieran hecho tal cosa.	*He didn't believe that they had (would have) done such a thing.*

163. Complete the following sentences with the appropriate form of the pluperfect subjunctive of the indicated verb.

1. Fue imposible que aquel niño _____ tanto. (*comer*)
2. Era probable que ellos lo _____ antes. (*saber*)
3. Carlos quería que nosotros lo _____ antes de su llegada. (*discutir*)
4. Preferíamos esperar hasta que ellos _____ . (*salir*)
5. El temía que tú no _____ . (*terminar*)
6. Ellos no creyeron que yo _____ tanta suerte. (*tener*)
7. Ella nunca habría creído que tú _____ tal cosa. (*decir*)
8. El se alegraba de que nosotros _____ antes. (*llegar*)
9. Fue mejor que Uds. le _____ antes de que le hablaran los otros. (*hablar*)
10. Los indios no querían atacar hasta que los refuerzos _____ . (*salir*)

SI CLAUSES

Si (*if*) clauses are used to express contrary to fact conditions. For such clauses there is a very definite sequence of tenses to be followed. Note the following examples.

Haré el viaje si tengo el dinero.	*I will make the trip if I have the money.*
Haría el viaje si tuviera el dinero.	*I would make the trip if I had the money.*
Habría hecho el viaje si hubiera tenido el dinero.	*I would have taken the trip if I had had the money.*

The sequence of tenses is as follows:

Main clause	Si clause
Future	Present Indicative
Conditional	Imperfect Subjunctive
Conditional Perfect	Pluperfect Subjunctive

Although the above is the only sequence of tenses necessary for the student of Spanish to use, you will note that the following exception does occur. Many speakers of Spanish substitute the pluperfect subjunctive for the conditional perfect in the main clause.

Hubiéramos hecho el viaje si hubiéramos tenido el dinero.

164. Complete the following sentences with the appropriate form of the indicated verb according to the regular sequence of tenses.

1. Ellos irán si _____ bastante tiempo. (*tener*)
2. Yo saldré si no _____ . (*llover*)
3. Yo iré de compras si tú me _____ . (*acompañar*)
4. El trabajaría más si no _____ tan cansado. (*estar*)
5. Nosotros pagaríamos ahora si _____ ir al banco. (*poder*)
6. ¿No irías tú a España si _____ billete? (*tener*)
7. El me lo habría dicho si lo _____ . (*saber*)
8. Habrían llegado a la hora indicada si el avión _____ a tiempo. (*salir*)
9. Yo habría contestado si tú me _____ . (*escribir*)
10. Ellos lo habrían terminado si nosotros lo _____ . (*empezar*)
11. Juan volverá en tren si nosotros _____ a la estación de ferrocarril. (*ir*)
12. Ellos irían si no _____ por el mal tiempo. (*ser*)

REVIEW

165. Complete the following sentences with the appropriate form of the indicated verb.

1. Yo quiero que Uds. _____ también. (*ir*)
2. El vino en cuanto _____ Roberto. (*salir*)
3. Yo no tengo nada que les _____ . (*gustar*)
4. Prefieren que nosotros no _____ . (*fumar*)
5. Sería necesario que él _____ el viaje. (*hacer*)
6. No dudo que ellos _____ tarde. (*llegar*)
7. El salió antes de que nosotros _____ . (*terminar*)
8. Quiero una secretaria que _____ español. (*hablar*)
9. Ella me escribió que yo _____ en seguida. (*venir*)
10. El me dijo que su padre _____ enfermo. (*estar*)
11. Yo esperé hasta que ellos _____ . (*volver*)
12. Dudamos que él lo _____ terminado. (*haber*)
13. Si ellos _____ mañana, nosotros saldremos también. (*salir*)
14. El me lo habría dicho si lo _____ . (*saber*)
15. El hablaría despacio de manera que nosotros _____ . (*comprender*)
16. Por tonto que _____ , no puede ser el más tonto. (*ser*)
17. Es necesario que ellos _____ los detalles. (*saber*)
18. El nos aconsejó que no _____ nada. (*decir*)
19. El va a salir aunque _____ y no está lloviendo ahora. (*llover*)
20. ¡Ojalá _____ aquí ellos! (*estar*)

THE IMPERATIVE

Formal Commands

The formal commands are formed by using the subjunctive form of the verb. Note that the vowel of the subjunctive ending is the reverse of that usually associated with the particular conjugation; **-ar** verbs have the vowel **-e** and **-er** and **-ir** verbs have the vowel **-a.**

hablar	hable Ud.	hablen Uds.
cantar	cante Ud.	canten Uds.
comer	coma Ud.	coman Uds.
vender	venda Ud.	vendan Uds.
vivir	viva Ud.	vivan Uds.

The first person singular of the present indicative serves as the root for the formation of the formal commands. Study the following forms for stem-changing and irregular verbs.

Infinitive	*Present indicative*	*Singular command*	*Plural command*
pensar	pienso	piense Ud.	piensen Uds
contar	cuento	cuente Ud.	cuenten Uds.
perder	pierdo	pierda Ud.	pierdan Uds.
volver	vuelvo	vuelva Ud.	vuelvan Uds.
dormir	duermo	duerma Ud.	duerman Uds.
pedir	pido	pida Ud.	pidan Uds.
decir	digo	diga Ud.	digan Uds.
hacer	hago	haga Ud.	hagan Uds.
oír	oigo	oiga Ud.	oigan Uds.
poner	pongo	ponga Ud.	pongan Uds.
tener	tengo	tenga Ud.	tengan Uds.
traer	traigo	traiga Ud.	traigan Uds.
salir	salgo	salga Ud.	salgan Uds.
venir	vengo	venga Ud.	vengan Uds.
conducir	conduzco	conduzca Ud.	conduzcan Uds.
construir	construyo	construya Ud.	construyan Uds.

The following verbs are irregular:

dar	dé Ud.	den Uds.
estar	esté Ud.	estén Uds.
ir	vaya Ud.	vayan Uds.
ser	sea Ud.	sean Uds.
saber	sepa Ud.	sepan Uds.

Note that the same form of the verb is used for the formal negative commands.

No hable Ud.	No hablen Uds.
No coma Ud.	No coman Uds.
No escriba Ud.	No escriban Uds.
No salga Ud.	No salgan Uds.
No pida Ud.	No pidan Uds.

(For the placement of object pronouns with commands see *Position of object pronouns with commands* in Chapter 6.)

166. Answer the following questions with commands according to the model.

¿Hablo? → Sí, hable Ud.
     No, no hable Ud.

1. ¿Nado?	14. ¿Repito?
2. ¿Canto?	15. ¿Duermo?
3. ¿Bailo?	16. ¿Salgo?
4. ¿Trabajo?	17. ¿Hago el viaje?
5. ¿Vendo?	18. ¿Pongo la mesa?
6. ¿Como?	19. ¿Conduzco el coche?
7. ¿Escribo?	20. ¿Traduzco el poema?
8. ¿Insisto?	21. ¿Digo la verdad?
9. ¿Vuelvo?	22. ¿Construyo el puente?
10. ¿Pienso?	23. ¿Voy en seguida?
11. ¿Empiezo?	24. ¿Estoy presente?
12. ¿Pido?	25. ¿Doy la respuesta?
13. ¿Sirvo?	

167. Answer the following questions with commands according to the model.

¿Nadamos? → Sí, naden Uds.
     No, no naden Uds.

1. ¿Esquiamos?	10. ¿Repetimos la oración?
2. ¿Bailamos el tango?	11. ¿Salimos ahora?
3. ¿Viajamos por el Perú?	12. ¿Hacemos el trabajo?
4. ¿Comemos?	13. ¿Traemos los refrescos?
5. ¿Aprendemos la lección?	14. ¿Conducimos el coche?
6. ¿Vivimos aquí?	15. ¿Contribuimos más?
7. ¿Escribimos la carta?	16. ¿Vamos ahora?
8. ¿Volvemos en seguida?	17. ¿Estamos presentes?
9. ¿Servimos la comida?	18. ¿Damos la respuesta?

168. Complete the following sentences with the correct formal form of the command of the indicated verb.

Para hacer una llamada telefónica de un teléfono público,

1. _____ el auricular (la bocina). (*descolgar*)
2. _____ la moneda en la ranura. (*introducir*)
3. _____ la señal. (*esperar*)
4. _____ el número. (*marcar*)
5. _____ de marcar el código de área. (*no olvidar*)
6. _____ ahora. (*hablar*)
7. _____ al terminar la conversación. (*colgar*)

169. Complete the following sentences with the correct formal form of the command of the indicated verb.

Para llegar a Monterrey

1. _____ la Avenida San Martín. (*tomar*)
2. _____ derecho hasta el final. (*seguir*)
3. _____ a la derecha. (*doblar*)

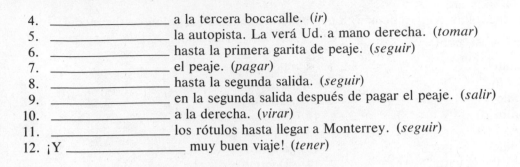

  4. _____ a la tercera bocacalle. (*ir*)

  5. _____ la autopista. La verá Ud. a mano derecha. (*tomar*)

  6. _____ hasta la primera garita de peaje. (*seguir*)

  7. _____ el peaje. (*pagar*)

  8. _____ hasta la segunda salida. (*seguir*)

  9. _____ en la segunda salida después de pagar el peaje. (*salir*)

10. _____ a la derecha. (*virar*)

11. _____ los rótulos hasta llegar a Monterrey. (*seguir*)

12. ¡Y _____ muy buen viaje! (*tener*)

170. Complete the following sentences with the correct form of the formal command of the indicated verb.

Para preparar el arroz

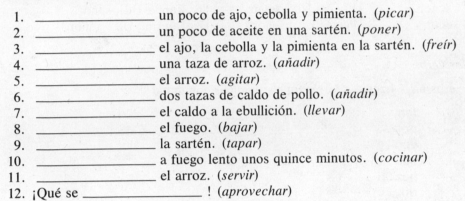

  1. _____ un poco de ajo, cebolla y pimienta. (*picar*)

  2. _____ un poco de aceite en una sartén. (*poner*)

  3. _____ el ajo, la cebolla y la pimienta en la sartén. (*freír*)

  4. _____ una taza de arroz. (*añadir*)

  5. _____ el arroz. (*agitar*)

  6. _____ dos tazas de caldo de pollo. (*añadir*)

  7. _____ el caldo a la ebullición. (*llevar*)

  8. _____ el fuego. (*bajar*)

  9. _____ la sartén. (*tapar*)

10. _____ a fuego lento unos quince minutos. (*cocinar*)

11. _____ el arroz. (*servir*)

12. ¡Qué se _____ ! (*aprovechar*)

Familiar Commands

Affirmative regular verbs

The familiar (**tú**) command is always the same as the third person singular (**Ud.**) indicative form of the verb. Note that the pronoun **tú** is usually omitted with the command form.

hablar	**habla**
cantar	**canta**
comer	**come**
aprender	**aprende**
vivir	**vive**
escribir	**escribe**
pensar	**piensa**
volver	**vuelve**
dormir	**duerme**
pedir	**pide**
servir	**sirve**

171. Answer the following questions with the familiar command according to the model.

   ¿Hablo? → Sí, habla.

   1. ¿Nado?   8. ¿Insisto?
   2. ¿Canto?   9. ¿Vuelvo?
   3. ¿Bailo?   10. ¿Empiezo?
   4. ¿Trabajo?   11. ¿Pido?
   5. ¿Leo?   12. ¿Sirvo?
   6. ¿Como?   13. ¿Repito?
   7. ¿Escribo la carta?   14. ¿Duermo?

172. Follow the model.

   Hable Ud., señor. → Y Juanito, tú también, habla.

   1. Cante Ud., señor.   5. Coma Ud., señor.   9. Pida Ud., señor.
   2. Nade Ud., señor.   6. Escriba Ud., señor.   10. Sirva Ud., señor.
   3. Baile Ud., señor.   7. Vuelva Ud., señor.   11. Repita Ud., señor.
   4. Lea Ud., señor.   8. Piense Ud., señor.   12. Duerma Ud., señor.

Affirmative irregular verbs

   The following verbs have irregular forms for the familiar command.

tener	ten
poner	pon
venir	ven
salir	sal
hacer	haz
decir	di
ser	sé
ir	ve

173. Answer the following questions according to the model.

   ¿Tener prisa? → Ten prisa.

   1. ¿Tener suerte?   8. ¿Salir de noche?
   2. ¿Tener tiempo?   9. ¿Decir la verdad?
   3. ¿Poner todo en orden?   10. ¿Decir que sí?
   4. ¿Poner la mesa?   11. ¿Ser bueno?
   5. ¿Venir en seguida?   12. ¿Ser honesto?
   6. ¿Venir mañana?   13. ¿Ir en tren?
   7. ¿Salir ahora?   14. ¿Ir en seguida?

174. Complete the following sentences with the correct informal form of the command of the indicated verb.

   Para hacer una llamada telefónica de un teléfono público,

   1. _____ el auricular. (*descolgar*)
   2. _____ la moneda en la ranura. (*introducir*)
   3. _____ la señal. (*esperar*)
   4. _____ el número. (*marcar*)
   5. _____ ahora. (*hablar*)
   6. _____ al terminar la conversación. (*colgar*)

175. Complete the following sentences with the correct informal form of the command of the indicated verb.

Para llegar a Monterrey

1. _____ la Avenida San Martín. (*tomar*)
2. _____ derecho hasta el final de la avenida. (*seguir*)
3. _____ a la derecha. (*doblar*)
4. _____ a la tercera bocacalle. (*ir*)
5. _____ la autopista que verás a mano derecha. (*tomar*)
6. _____ el peaje. (*pagar*)
7. _____ hasta la segunda salida. (*seguir*)
8. _____ en la segunda salida después de la garita de peaje. (*salir*)
9. _____ a la derecha. (*virar*)
10. _____ los rótulos hasta llegar a Monterrey. (*seguir*)

176. Complete the following sentences with the correct informal form of the command of the indicated verb.

Para preparar el arroz

1. _____ un poco de ajo, cebolla y pimienta. (*picar*)
2. _____ un poco de aceite en una sartén. (*poner*)
3. _____ el ajo, la cebolla y la pimienta. (*freír*)
4. _____ una taza de arroz. (*añadir*)
5. _____ el arroz. (*agitar*)
6. _____ dos tazas de caldo de pollo. (*añadir*)
7. _____ el caldo a la ebullición. (*llevar*)
8. _____ el fuego. (*bajar*)
9. _____ la sartén. (*tapar*)
10. _____ a fuego lento unos quince minutos. (*cocinar*)
11. _____ el arroz. (*servir*)

Negative forms

As with the formal commands, the subjunctive form of the verb is used for all negative informal commands.

hablar	**no hables**
comer	**no comas**
escribir	**no escribas**
pensar	**no pienses**
volver	**no vuelvas**
dormir	**no duermas**
pedir	**no pidas**
venir	**no vengas**
poner	**no pongas**
conducir	**no conduzcas**
construir	**no construyas**
ser	**no seas**

ir	no vayas
estar	no estés
dar	no des

The familiar plural command (**Uds.**) is the same as the formal command since in most Spanish speaking countries there is no differentiation between the formal and familiar forms in the plural.

In Spain, however, the **vosotros** form of the command is used. The **vosotros** form of the command is formed by dropping the **r** of the infinitive and replacing it with **d.**

	Spain	*Other areas*
hablar	hablad	hablen Uds.
comer	comed	coman Uds.
recibir	recibid	reciban Uds.
pensar	pensad	piensen Uds.
pedir	pedid	pidan Uds.
salir	salid	salgan Uds.
hacer	haced	hagan Uds.

The negative of the **vosotros** form of the verb is also the subjunctive **no habléis, no comáis, no escribáis, no vengáis.**

177. Rewrite the following commands in the negative.

1. Habla.
2. Nada.
3. Come.
4. Bebe.
5. Escribe.
6. Piensa.
7. Vuelve.
8. Pide.
9. Sirve.
10. Ven.
11. Sal más.
12. Ten más paciencia.
13. Pon la mesa.
14. Sé bueno.
15. Ve en seguida.

First Person Command (*Let's*)

In order to express the idea *let's* the first person plural form of the subjunctive is used.

Nademos.	*Let's swim.*
Comamos allí.	*Let's eat there.*
Escribamos la carta ahora.	*Let's write the letter now.*
Salgamos pronto.	*Let's leave soon.*

The only exception is the verb **ir** which uses the indicative.

Vamos ahora.	*Let's go now.*

178. Follow the model.

Salir ahora → Salgamos ahora.

1. Cantar la canción
2. Bailar el tango
3. Comer con Carlos
4. Vender el coche
5. Salir ahora
6. Poner la mesa
7. Hacer el trabajo
8. Ir ahora

*With **ir a***

The idea of *let's* can be expressed by using **vamos a** with the infinitive.

Vamos a cantar.	*Let's sing.*
Vamos a comer.	*Let's eat.*
Vamos a salir.	*Let's leave.*

179. Transpose the following according to the model.

Nademos en la piscina. → **Vamos a nadar en la piscina.**

1. Preparemos una merienda.
2. Bailemos el merengue.
3. Aprendamos la canción.
4. Vivamos en una casa particular.
5. Salgamos ahora.
6. Traigamos la cámara.
7. Volvamos a casa.
8. Pidamos un favor.

THE PRESENT PARTICIPLE

The present participle of **-ar** verbs consists of the verb root plus **-ando.**

hablar	**hablando**	*speaking*
jugar	**jugando**	*playing*

The present participle **-er** and **-ir** verbs consists of the root plus **-iendo.**

comer	**comiendo**	*eating*
volver	**volviendo**	*returning*
salir	**saliendo**	*leaving*
escribir	**escribiendo**	*writing*

Many stem-changing **-ir** verbs also have a stem change in the present participle. Note the following:

sentir	**sintiendo**
pedir	**pidiendo**
decir	**diciendo**
venir	**viniendo**
dormir	**durmiendo**

Verbs such as **construir, oír,** and **leer** which have a **y** in the preterite also have the **y** in the present participle.

construir	**construyendo**
distribuir	**distribuyendo**
oír	**oyendo**
leer	**leyendo**

The verb **ir** is irregular.

ir   **yendo**

The present participle is seldom used alone. In literary pieces, however, you will sometimes see a present participle used to replace an entire clause.

Construyendo el puente, se cayó.   *While he was constructing the bridge, he fell.*
Yendo al mercado, vio a su amiga.   *Going to the market, he saw his friend.*

The most common use of the present participle is with the progressive tenses which follow.

PROGRESSIVE TENSES

The progressive tenses in Spanish are very graphic, pictorial tenses. When used they show that the action of the verb is in the process of taking place. The progressive forms are most commonly used with the present, the imperfect, and sometimes the future. In order to form the progressive tense the appropriate tense of the auxiliary verbs **estar, seguir, ir,** or **andar** is used along with the present participle. You will find that the most commonly used auxiliary is **estar.**

Present Progressive

hablar	**comer**	**salir**
estoy hablando	estoy comiendo	estoy saliendo
estás hablando	estás comiendo	estás saliendo
está hablando	está comiendo	está saliendo
estamos hablando	estamos comiendo	estamos saliendo
estáis hablando	estáis comiendo	estáis saliendo
están hablando	están comiendo	están saliendo

Imperfect Progressive

nadar	**vender**	**pedir**
estaba nadando	estaba vendiendo	estaba pidiendo
estabas nadando	estabas vendiendo	estabas pidiendo
estaba nadando	estaba vendiendo	estaba pidiendo
estábamos nadando	estábamos vendiendo	estábamos pidiendo
estabais nadando	estabais vendiendo	estabais pidiendo
estaban nadando	estaban vendiendo	estaban pidiendo

Ellos están nadando en el mar.   *They are swimming in the sea. (right now)*
El niño va comiendo un sándwich.   *The child goes along eating a sandwich. (right now)*

Ellos siguen trabajando.   *They keep on working.*
El estaba manejando cuando tuvo el   *He was driving when he had the accident.*
accidente.

The progressive tenses are never used with the verbs **ir** or **venir.**

180. Rewrite the following sentences giving the appropriate form of the present participle of the indicated verb.

    1. La señora está hablando. (*pintar, nadar, trabajar, cantar, bailar*)
    2. Yo estoy comiendo. (*aprender, beber, vender el coche, escribir, salir*)
    3. Ellos están construyendo algo. (*oír, leer, distribuir, pedir, decir, medir, servir*)

181. Rewrite the following sentences using the present progressive.

    1. María canta y Juan toca la guitarra.
    2. Las chicas preparan la lección.
    3. Yo pongo la mesa.
    4. Comemos en el restaurante.
    5. El avión sale.
    6. Ellos viven con nosotros.
    7. ¿Mides la distancia?
    8. ¿Qué dice él?
    9. El siempre lee novelas.
    10. Ellos duermen allí.

182. Rewrite the following sentences using the imperfect progressive.

    1. El charlaba con sus amigos.
    2. Ellos hacían un viaje por España.
    3. Aquellos señores trabajaban como bestias.
    4. Yo no comía nada.
    5. El salía con María.
    6. El profesor explicaba la teoría.
    7. Construíamos una carretera en el interior.
    8. Ella no pedía nada.
    9. Yo servía la comida.
    10. Ellos distribuían algo.

REFLEXIVE VERBS

Formation

    A reflexive verb is one with which the action is both executed and received by the subject. Since the subject also receives the action, an additional pronoun is needed. This is called the reflexive pronoun.

lavarse (*to wash*)	**levantarse** (*to get up*)	**bañarse** (*to bathe*)
me lavo	me levanto	me baño
te lavas	te levantas	te bañas
se lava	se levanta	se baña
nos lavamos	nos levantamos	nos bañamos
os laváis	os levantáis	os bañáis
se lavan	se levantan	se bañan

    Other common regular reflexive verbs are:

cepillarse	*to brush oneself*
ducharse	*to take a shower*

peinarse	*to comb one's hair*
marcharse	*to leave, go away*
quitarse	*to take off clothing*

Common stem-changing reflexive verbs are:

acostarse (ue)	*to go to bed*
despertarse (ie)	*to wake up*
sentarse (ie)	*to sit down*
despedirse de (i, i)	*to take leave*
dormirse (ue, u)	*to fall asleep*
vestirse (i, i)	*to dress one's self*

A common irregular verb used reflexively is **ponerse**, *to put on clothing*.

acostarse	vestirse	ponerse
me acuesto	me visto	me pongo
te acuestas	te vistes	te pones
se acuesta	se viste	se pone
nos acostamos	nos vestimos	nos ponemos
os acostáis	os vestís	os ponéis
se acuestan	se visten	se ponen

183. Complete the following sentences with the appropriate reflexive pronoun.

1. Yo _____ acuesto a las once.
2. Juan _____ afeita cada mañana.
3. María _____ quita el suéter.
4. Nosotros _____ cepillamos los dientes.
5. ¿Por qué no _____ peinas?
6. Ellos _____ sientan a nuestra mesa.
7. Aquel señor siempre _____ viste muy bien.
8. ¿A qué hora _____ marchan Uds.?
9. Yo _____ duermo en cuanto _____ acuesto.
10. ¿A qué hora _____ despiertas?

184. Rewrite the following sentences in the present tense.

1. Me lavé la cara.
2. Nos levantamos temprano.
3. El se quitó la chaqueta.
4. Ellos se marcharon.
5. Yo me acosté tarde.
6. El señor se sentó a nuestra mesa.
7. El se despidió de sus amigos.
8. Nos vestimos en seguida.
9. Ella se vistió de moda.
10. Juan se puso el abrigo.
11. Yo me duché antes de salir.
12. Carlos no se afeitó esta mañana.

185. Complete the following sentences with the appropriate form of the present tense of the indicated verb.

    1. Yo siempre _____ temprano. (*acostarse*)
    2. Ella _____ cada mañana. (*bañarse*)
    3. Nosotros _____ los dientes. (*cepillarse*)
    4. La niña _____ en el espejo y _____ . (*mirarse, peinarse*)
    5. ¿Por qué no _____ tú con nosotros? (*sentarse*)
    6. El _____ ahora para el baile. (*vestirse*)
    7. Niño, ¿por qué no _____ (tú) la cara? (*lavarse*)
    8. Yo _____ de mis amigos. (*despedirse*)
    9. Nosotros nunca _____ en seguida. (*dormirse*)
   10. Ellos no _____ sin dificultad. (*despertarse*)
   11. Carlos _____ el traje nuevo. (*ponerse*)
   12. El presidente nunca _____ la chaqueta. (*quitarse*)

You will note that with parts of the body and articles of clothing the possessive adjectives are omitted when used with a reflexive verb. Study the following differences between Spanish and English.

Me lavo $\boxed{\text{la}}$ **cara.**   *I wash* $\boxed{my}$ *face.*

Juan se quita $\boxed{\text{la}}$ **chaqueta.**   *John takes off* $\boxed{his}$ *jacket.*

You will also note that even though the noun is ordinarily pluralized in English, it is in the singular in Spanish.

Ellos se lavan $\boxed{\text{la cara}}$.   *They wash* $\boxed{their\ faces}$.

Ellos se quitan $\boxed{\text{el sombrero}}$.   *They take off* $\boxed{their\ hats}$.

186. Complete the following sentences with the appropriate definite article or possessive adjective.

    1. El niño se lava _____ cara.
    2. Yo me pongo _____ corbata.
    3. No sé dónde está _____ corbata.
    4. Los señores se quitaron _____ sombrero.
    5. María, _____ falda es muy bonita.
    6. El se cepilla _____ dientes.

Reciprocal Verbs

A reciprocal verb is one in which people do something to or for each other. In Spanish a reciprocal verb functions exactly the same as a reflexive verb. Study the following examples.

Ellos se vieron y se reconocieron en   *They saw one another and they recognized*
   seguida.   *each other immediately.*
Los dos hermanos se parecen   *The two brothers look alike (look alot like each*
   mucho.   *other).*
Nos escribimos muy a menudo.   *We write to one another often.*

187. Complete the following sentences.

    1. El me vio y yo lo vi. Nosotros _____ al entrar en el cine.
    2. El la abrazó y ella lo abrazó. Ellos _____ en el aeropuerto.
    3. Ella me conoció y yo la conocí. Nosotros _____ en la fiesta de Carmen.
    4. El la quiere y ella lo quiere. La verdad es que ellos _____ mucho.
    5. Carlos ayuda a su hermanita y ella le ayuda a él. Ellos _____ mucho.

Reflexive versus Nonreflexive

    Many verbs can be used both reflexively and nonreflexively. Note that the reflexive pronoun is used only when the action refers to the subject.

Juan se lava.	*John washes himself.*
Juan lava el carro.	*John washes the car.*
El padre se acuesta.	*The father goes to bed.*
El padre acuesta al niño.	*The father puts the child to bed.*

188. Complete the following sentences with the appropriate reflexive pronoun when necessary.

    1. Juan _____ pone la chaqueta.
    2. Juan _____ pone la chaqueta en el baúl.
    3. Ellos _____ lavan los platos.
    4. Ellos _____ lavan las manos.
    5. Nosotros _____ acostamos al bebé.
    6. Nosotros _____ acostamos tarde.
    7. Yo _____ visto en seguida.
    8. Yo _____ visto primero y luego _____ visto a las niñas.

SPECIAL USES OF THE INFINITIVE

After a Preposition

    There are two special uses of the infinitive in Spanish which are different from English constructions. In Spanish the infinitive is always used after a preposition. (In English the present participle is used.)

Yo le hablé antes de salir.	*I spoke to him before leaving.*

The word **al** with the infinitive means *upon, when, as.*

Al salir, me despedí de mis amigos.	*Upon leaving, I took leave of (said good-bye to) my friends.*

189. Rewrite the following sentences, substituting the indicated infinitives.

    1. Yo le hablé antes de salir. (*cantar, bailar, comer, salir, decidir, volver, terminar, empezar*)
    2. Al salir, ellos se pusieron a llorar. (*volver, recibir las noticias, oir el anuncio, marcharse*)

After an Auxiliary

After the verbs *to see* or *to hear* someone do something the infinitive is used. Unlike English, the infinitive precedes the noun.

Oí cantar a María.   *I heard Mary sing.*
Vio morir a los soldados.   *He saw the soliders die.*

190. Rewrite the following sentences in Spanish.

1. I heard Mary sing.
2. I heard the baby cry.
3. I heard the robber enter.
4. I saw the boys play.
5. I saw the actress arrive.
6. I saw the baby fall.

You will sometimes hear the preposition **a** or **de** followed by an infinitive used to replace a "**si**" clause.

De no tener bastante dinero, no   *If I hadn't had enough money, I wouldn't have*
hubiera ido.   *gone.*
A conocer su carácter, no le   *If we had known his character, we would not*
habríamos tenido confianza.   *have had confidence in him.*

As a Noun

In Spanish the infinitive either alone or accompanied by the definite article **el** can function as a noun. Note that in English the present participle rather than the infinitive is used as the verbal noun. Study the following examples.

No puedo aguantar el fumar.   *I can't stand smoking.*
Leer sin luz suficiente puede perjudicar *Reading without sufficient light can harm*
los ojos.   *one's eyes.*

191. Complete the following sentences with the appropriate verbal noun.

1. Este perro ladra mucho. _____ de este perro me molesta.
2. Me gusta como habla él. _____ de este señor me fascina.
3. Ellos ríen mucho. Dicen que _____ es bueno para la salud.
4. Estos pajaritos siempre están cantando. Me encanta _____ de esos pajaritos.
5. Estos niños no dejan de gritar. No puedo aguantar más _____ de esos niños. Me está volviendo loco.

PASSIVE VOICE

With *ser*

The passive voice is less commonly used in Spanish than in English. Spanish speakers prefer to use the active voice. When the true passive voice is used, however, it is formed by using the verb **ser** plus the past participle. The agent or person who performed the action is introduced by **por. Por** is replaced by **de** if emotion is involved. Note that the past participle agrees with the subject.

Las cartas fueron entregadas por el cartero.	*The letters were delivered by the letter carrier.*
El cartero entregó las cartas. *(more common)*	*The letter carrier delivered the letters.*
Aquel soldado fue admirado de todos.	*That soldier was admired by all.*

The most common usage of the passive voice is an abbreviated form of the passive used for newspaper headlines.

Niño de ocho años atropellado por automóvil.	*Eight-year-old boy hit by automobile.*
Pueblo de Santa Marta destruído por terremoto.	*Village of Santa Marta destroyed by earthquake.*

192. Rewrite the following sentences in the active voice according to the model.

Las cartas fueron entregadas por el cartero. → El cartero entregó las cartas.

1. La novela fue escrita por Cervantes.
2. El puente fue construído por el mejor ingeniero.
3. El edificio fue destruído por un incendio.
4. El paciente fue trasladado por el médico a otro hospital.
5. La comida fue preparada por la criada.

193. Complete the following sentences.

1. El dinero _____ robado _____ el ladrón.
2. La muela _____ sacada _____ el dentista.
3. La casa _____ destruída _____ el incendio.
4. Las tropas _____ derrotadas _____ las fuerzas enemigas.
5. La destrucción _____ causada _____ el terremoto.
6. El presidente _____ respetado _____ todos.
7. Su obra _____ admirada _____ todos.

With *se*

A common way to form the passive voice in Spanish is by using the reflexive pronoun **se** with the third person singular or plural of the verb. This construction is most common when the person by whom the action is carried out (agent) is unimportant.

Se venden corbatas en aquella tienda.	*Neckties are sold in that store.*
Se ve el mejor monumento en el centro del pueblo.	*The best monument is seen in the center of town.*

This construction is also used to convey an indefinite subject.

Se dice que él está enfermo.	*They say that he is ill.*
	It is said that he is ill.
Se oye que la situación es mejor.	*One hears that the situation is better.*
	It is heard that the situation is better.

194. Complete the following sentences with the appropriate form of the indicated verb.

1. ¿A qué hora _____ la tienda? (*cerrarse*)
2. ¿Cómo _____ "*apple*" en español? (*decirse*)
3. _____ madera para construir una casa. (*usarse*)
4. Desde allí _____ los volcanes. (*verse*)
5. _____ coches en aquella fábrica. (*hacerse*)
6. ¿Cuándo _____ el museo? (*abrirse*)
7. _____ muchas escuelas en el país. (*establecerse*)
8. _____ un clima agradable en las islas. (*encontrarse*)
9. Aquí _____ español. (*hablarse*)
10. _____ los anuncios en dos idiomas. (*darse*)
11. _____ mucho aceite en España. (*usarse*)
12. _____ la cena a las diez. (*servirse*)
13. _____ la paella con arroz y mariscos. (*prepararse*)
14. _____ el lechón en un horno. (*cocinarse*)

Chapter 4

Negatives

MAKING A SENTENCE NEGATIVE

The most common way to make a sentence negative in Spanish is to place the word **no** before the verbal expression.

Carlos conoce a María.	*Charles knows Mary.*
Carlos no conoce a María.	*Charles doesn't know Mary.*
Los soldados lucharon mucho.	*The soldiers fought a great deal.*
Los soldados no lucharon mucho.	*The soldiers didn't fight much.*
He terminado.	*I have finished.*
No he terminado.	*I haven't finished.*

If an object pronoun (see Chapter 6) precedes the verb, the negative word **no** precedes the object pronoun.

Lo conozco.	*I know him.*
No lo conozco.	*I don't know him.*
La he visto.	*I have seen her.*
No la he visto.	*I haven't seen her.*

1. Rewrite the following sentences in the negative.

1. María llegó ayer.
2. Vamos a esperar aquí.
3. El canta muy bien.
4. El avión saldrá a las tres.
5. He visto a Roberto.
6. Están construyendo otro pueblo.
7. El niño come demasiado.
8. Ellos quieren que yo vaya.
9. Elena lo sabe.
10. Lo hemos buscado.

COMMON NEGATIVE WORDS

The most common negative words are:

nadie	*no one*
nada	*nothing*
nunca	*never*
ni...ni	*neither...nor*
ninguno	*no (used as an adjective)*

Study the following.

Affirmative	*Negative*
Alguien está aquí.	**Nadie está aquí.**
Veo a alguien.	**No veo a nadie.**
Tengo algo.	**No tengo nada.**
Algo está en la mesa.	**Nada está en la mesa.**
El siempre va.	**El nunca va.** *or* **El no va nunca.**
¿Tienes un diccionario o una novela?	**¿No tienes ni diccionario ni novela?**
Tengo algún dinero.	**No tengo ningún dinero.**
Tiene alguna esperanza.	**No tiene ninguna esperanza.**

Note that the placement of the negative word in the sentence can vary. The negative verb can precede the verb and be used alone or it can be used with *no* and follow the verb.

Nunca va.   *No va nunca.*

Unlike English, many negative words can be used in the same sentence.

Carlos nunca dice nada a nadie.   *Charles never says anything to anyone.*

2. Rewrite the following sentences in the negative.

1. María tiene algo en la mano.
2. Algo está en la mesa.
3. Hay algo en la cocina.
4. Alguien estará a la puerta.
5. Allá veo a alguien.
6. ¿Tienes algún problema?
7. El siempre dice la misma cosa.
8. Siempre vamos a las montañas.
9. ¿Tienes papel o lápiz?
10. Carlos siempre está hablando a alguien de algo.

Tampoco

Tampoco is the negative word that replaces **también**.

El lo sabe.	*He knows it.*
Yo lo sé también.	*I know it too.*
El no lo sabe.	*He doesn't know it.*

Yo no lo sé tampoco.	*I don't know it either.*
Ella trabaja mucho.	*She works a great deal.*
Y yo también.	*So do I. (I do too.)*
Ella no trabaja mucho.	*She doesn't work much.*
Ni yo tampoco.	*Neither do I.*

3. Replace **también** with **tampoco** in the following sentences.

    1. El es rico también.
    2. Ellos también tienen mucho dinero.
    3. María lo sabe y yo lo sé también.
    4. También viene Juan.
    5. También estará en la reunión María.
    6. Nosotros lo sabremos también.
    7. Ellos comen allí también.

Sino

    Sino is used after a negative sentence to contradict the negative statement. Its English meaning is "*but rather.*"

    El no es estúpido, sino inteligente.   *He isn't dumb, but rather intelligent.*

4. Follow the model.

    feo / guapo → El no es feo, sino guapo.

    1. estúpido / inteligente
    2. bajo / alto
    3. gordo / flaco
    4. pobre / rico
    5. perezoso / ambicioso
    6. médico / abogado
    7. estúpida/ inteligente
    8. baja / alta
    9. gorda / flaca
    10. pobre / rica
    11. perezosa / ambiciosa
    12. médica / abogada

SPECIAL NEGATIVE EXPRESSIONS

    A peculiar usage of negatives in Spanish is that certain expressions denote a negative meaning even though no negative word is used in the sentence. Study the following examples.

En mi vida, he oído tal cosa.	*(Never) In my life have I heard such a thing.*
En toda la noche, he podido dormir.	*Not all night was I able to sleep.*
En el mundo se encontraría tal belleza.	*Not in the entire world would one encounter such beauty.*

Chapter 5

Interrogatives

COMMON INTERROGATIVE WORDS

The following are the most commonly used interrogative words to introduce questions. You will note that all interrogative words carry a written accent.

¿Qué?	*What?*
¿Cuándo?	*When?*
¿Dónde?	*Where?*
¿Adónde?	*To where?*
¿Cuánto?	*How much?*
¿Quién? ¿Quiénes?	*Who?*
¿A quién? ¿A quiénes?	*Whom?*
¿Cómo?	*How?*

Note that in Spanish the subject and verbs are inverted in interrogative sentences.

¿Qué hace Juan?
¿Cuándo vienen tus amigos?
¿Dónde están ellos?
¿Adónde va Elena?
¿Cuánto cuesta el vestido?
¿Quién habla ahora?
¿A quién ve Ud.?
¿Cómo es María?

1. Complete the following sentences with the appropriate question word.

1. Ellos salen mañana.
   ¿ _____ salen ellos?
2. Juan tiene un libro.
   ¿ _____ tiene Juan?

3. El coche cuesta tres mil dólares.
   ¿ _____ cuesta el coche?
4. María nada en el mar.
   ¿ _____ nada María?

127

5. El presidente habla ahora.

¿ _____ habla ahora?

6. Carlos ve a María.

¿ _____ ve Carlos?

7. La casa es moderna.

¿ _____ es la casa?

8. Ellos hacen un viaje a España.

¿ _____ hacen ellos
un viaje?

9. María habla con su amigo.

¿Con _____ habla María?

10. El niño tiene sus juguetes.

¿ _____ tiene el niño?

11. Ellos van a la playa en el verano.

¿ _____ van ellos a la
playa?

12. Ellos van a la playa en el verano.

¿ _____ van ellos en el verano?

2. Form questions using the interrogative word that will elicit the italicized element in the response.

Carlos viene mañana. → ¿Quién viene mañana?

1. *María* es inteligente.
2. María es *inteligente*.
3. *Los Gómez* van a las montañas en el verano.
4. Los Gómez van *a las montañas* en el verano.
5. Los Gómez van a las montañas *en el verano*.
6. *El libro* cuesta veinte pesos.
7. El libro cuesta *veinte pesos*.
8. *Juan* está en la estación de ferrocarril.
9. Juan está *en la estación de ferrocarril*.
10. Ellos van *mañana* a España en avión.
11. Ellos van mañana *a España* en avión.
12. Ellos van mañana a España *en avión*.

Cuál, cuáles

Cuál (cuáles) is the interrogative word that corresponds to the English *which* (*which ones*).

¿Cuál de los libros prefiere Ud.?   *Which of the books do you prefer?*
¿Cuál prefiere Ud.?   *Which one do you prefer?*

3. Complete the following sentences with either **cuál** or **cuáles**.

1. María tiene dos libros. ¿ _____ de los dos quiere Ud.?
2. ¿ _____ son aquellos monumentos que vemos allí?
3. ¿ _____ es la mejor novela de Gironella?
4. ¿ _____ son sus poesías favoritas?
5. ¿ _____ de los chicos es el más fuerte?
6. ¿ _____ son los libros que Ud. ha leído?

Cuál versus qué

Many speakers of English have difficulties in distinguishing between **cuál** and **qué** when asking a question with the verb *to be*. The reason for this is that both words have the meaning "*what*" in English. In Spanish, the most common interrogative word used with the verb **ser** is **cuál**. The word **qué** is used only when the speaker is asking for a definition. Study the following.

¿Cuál es la capital de España?	*What is the capital of Spain?*
¿Cuáles son las montañas del norte de España?	*What are the mountains of the north of Spain?*
¿Qué es esto?	*What is this?*
Es una manzana.	*It is an apple.*
¿Qué es la capital?	*What is the capital?*
La capital es la ciudad que sirve de sede del gobierno.	*The capital is the city that serves as the seat of the government.*

4. Complete the following sentences with **qué, cuál,** or **cuáles.**

1. ¿ _____ es España? Es un país del sur de Europa.
2. ¿ _____ es la capital de Colombia? Bogotá.
3. ¿ _____ es la diferencia entre los dos? Uno es pequeño, el otro es grande.
4. ¿ _____ es un médico? Es una persona que cuida a los enfermos.
5. ¿ _____ es la forma de gobierno del país? Una democracia.
6. ¿ _____ es el producto más importante del país? El estaño.
7. ¿ _____ es un diamante? Es una piedra preciosa.

REVIEW

5. Answer the following personal questions.

1. ¿Cómo se llama Ud.?
2. ¿Cuántos años tiene Ud.?
3. ¿Cuándo nació Ud.?
4. ¿Dónde nació Ud.?
5. ¿Cuál es la capital de su país o estado natal?
6. ¿A qué hora nació Ud.?
7. ¿Cuál es la fecha de su nacimiento?

6. Read the following long statement. For each of the shorter statements that follow it, make up the appropriate question.

La cantante española que es tan bonita y que goza de tanta fama dio dos conciertos ayer en el Teatro Colón en su ciudad favorita de Buenos Aires, la capital de la Argentina.

1. *La cantante* es española.
2. La cantante es *española*.
3. Ella es muy *bonita*.
4. Ella goza de *mucha fama*.
5. *La cantante española* goza de mucha fama.
6. Ella dio *dos conciertos.*
7. Ella dio *dos* conciertos.
8. Ella dio los conciertos *en el Teatro Colón.*
9. Ella dio *los conciertos* en el Teatro Colón.
10. Ella dio los conciertos *ayer.*
11. El Teatro se llama *el Teatro Colón.*
12. El Teatro Colón está *en Buenos Aires.*
13. *Buenos Aires* es la ciudad favorita de la cantante.
14. Buenos Aires está *en la Argentina.*
15. *Buenos Aires* es la capital de la Argentina.

Chapter 6

Pronouns

SUBJECT PRONOUNS

The subject pronouns in Spanish are:

yo	*I*	**nosotros(as)**	*we*
tú	*you*	**vosotros(as)**	*you*
él	*he, it*	**ellos**	*they*
ella	*she, it*	**ellas**	*they*
Usted	*you*	**Ustedes**	*you*

You will note that in Spanish there are four ways to say *you*. The pronoun **tú** is used throughout Spain and Latin America for informal address. **Tú** is used in addressing a near relation, an intimate friend, a small child, or an animal.

In Spain, **vosotros(as)** is the plural form of **tú** and is used when addressing two or more relatives, intimate friends, small children, or animals. In the south of Spain and in Latin America in general, **vosotros(as)** has been replaced, especially in nonliterary use, by **Ustedes.** (In some areas of Latin America, particularly Argentina, Uruguay, Paraguay, you will hear the pronoun **vos.** Although the endings used in these areas for **vos** are derived from, but not the same as, the **vosotros** endings, **vos** is used in addressing one person.)

Usted is the formal form of address. It is used when addressing someone whom you do not know well, someone to whom you wish to show respect, or someone older than yourself. The plural pronoun **Ustedes,** with the exception of the **vosotros(as)** usage explained above, is used for both formal and informal address when speaking to two or more people.

Usted (Ustedes) is a contraction of **vuestra merced,** *your grace* (**vuestras mercedes**), and therefore its verb form is in the third person.

¿Cómo está Ud.?
¿Cómo están Uds.?

It is often abbreviated to **Ud.** in the singular and **Uds.** in the plural. Other abbreviations you will possibly encounter are **V., Vd., VV., Vs.,** or **Vds.**

The pronouns **nosotros (vosotros),** and **ellos** have feminine forms—**nosotras, (vosotras),** and **ellas.** The **-os** form is used when referring to mixed company.

Since the verb ending in Spanish indicates the subject, it is most common to eliminate the subject pronoun. This is particularly true with **yo, tú, nosotros(as), (vosotros[as]).**

1. Change the italicized element to a pronoun.

    1. *Teresa* es cubana.
    2. *Los muchachos* corren por el parque.
    3. *Las señoras* trabajan en aquella oficina.
    4. *Tomás* es mexicano.
    5. *El señor González* no viene hoy.
    6. *La señora López* está arreglando el viaje.

2. Complete the following with the correct subject pronoun.

    1. _____ tenemos que salir en seguida.
    2. _____ llegas muy tarde.
    3. _____ no queremos discutirlo.
    4. _____ estoy muy bien.
    5. ¿ _____ preparas la fiesta?
    6. ¿Cómo está _____ , señora Romero?
    7. _____ lo traigo en seguida.

The subject pronouns are used after the comparative construction. (See Chapter 2.)

    El tiene más años que yo.
    Carlos recibe más cartas que tú.
    Ellas son más ricas que nosotros.
    Ella tiene tanto dinero como yo.

3. Complete the following sentences.

    1. Ella tiene más paciencia que _____ . (*I*)
    2. Ellos viajan con más frecuencia que _____ . (*we*)
    3. Carlos no lee tanto como _____ . (*you*)
    4. Ella trabaja más horas que _____ . (*he*)
    5. Nosotros tenemos más años que _____ . (*they*)
    6. El recibe tanta correspondencia como _____ . (*I*)
    7. El tiene más tiempo que _____ . (*she*)
    8. Guillermo es más alto que _____ . (*you*)

DIRECT OBJECT PRONOUNS

Lo, Los, La, Las

The direct object pronouns in Spanish are **lo, los, la,** and **las. Lo** and **los** are masculine prounouns. **La** and **las** are feminine pronouns. Note that they can refer to either persons or things and precede the conjugated form of the verb.

Juan lee el libro.	*John reads the book.*
Juan lo **lee.**	*John reads it.*
Carlos tiene los billetes .	*Charles has the tickets.*
Carlos los **tiene.**	*Charles has them.*

Tomás ve a Roberto .	*Thomas sees Robert.*
Tomás lo ve.	*Thomas sees him.*
El padre mira a sus hijos .	*The father looks at his children.*
El padre los mira.	*The father looks at them.*
María busca la cámara .	*Mary looks for the camera.*
María la busca.	*Mary looks for it.*
Elena prepara las conferencias .	*Ellen prepares the speeches.*
Elena las prepara.	*Ellen prepares them.*
Carmen ve a Teresa .	*Carmen sees Theresa.*
Carmen la ve.	*Carmen sees her.*
La maestra ve a las niñas .	*The teacher sees the girls.*
La maestra las ve.	*The teacher sees them.*

4. Answer the following questions according to the model.

¿Dónde está el pasaporte? → Aquí lo tiene Ud.

1. ¿Dónde está la visa?
2. ¿Dónde están los boletos?
3. ¿Dónde están las etiquetas?
4. ¿Dónde está el maletín?
5. ¿Dónde están los talones?
6. ¿Dónde está mi cartera?
7. ¿Dónde están las tarjetas de embarque?

5. Complete the following sentences with the appropriate pronoun.

1. Tomás mira a su hija. Tomás _____ mira.
2. Juan tiene las fotografías. Juan _____ tiene.
3. El padre acostó al niño. El padre _____ acostó.
4. Ellas discutieron el problema. Ellas _____ discutieron.
5. El perdió la novela. El _____ perdió.
6. Tenemos los billetes. _____ tenemos.
7. Ella preparó la tarea. Ella _____ preparó.
8. Ellos han visitado a los abuelos. Ellos _____ han visitado.
9. El director fundó la escuela. El director _____ fundó.
10. Ella escribió las cartas. Ella _____ escribió.

6. Rewrite the following sentences, substituting the italicized object with a pronoun.

1. Ellos pusieron *los refrescos* en la mesa.
2. El vio *a Roberto* ayer.
3. La maestra ayudó *a María*.
4. Yo compré *los regalos*.
5. Elena sacó *las fotografías*.
6. Hemos vendido *la casa*.
7. Ellos han resuelto *el problema*.
8. El no discutirá *el asunto*.
9. El señor ayudó *a sus vecinos*.
10. Carlos quería mucho *a María*.

11. El jefe mandó *los paquetes*.
12. El camarero sirvió *la comida*.

DIRECT AND INDIRECT OBJECT PRONOUNS

Me, Te, Nos

The pronouns **me, te, nos** can function as either direct objects or indirect objects.

Carlos me ve.	*Charles sees me.*
Carlos me habla.	*Charles speaks to me.*
Ella no te conoce.	*She doesn't know you.*
Ella no te dice nada.	*She doesn't tell you anything.*
El niño nos mira.	*The child looks at us.*
El niño nos da sus juguetes.	*The child gives us his toys.*

The direct and indirect object pronoun that corresponds to the subject **vosotros** in Spain is **os**.

7. Answer the following questions.

1. ¿Te habla María?
2. ¿Te ve tu amigo?
3. ¿Te conoce Carlos?
4. ¿Te da un regalo tu madre?
5. ¿Te escribe la carta María?
6. ¿Te mira el profesor?
7. ¿Te explica la lección la maestra?
8. ¿Te invitan ellos?

8. Rewrite the following sentences, putting the object pronoun in the plural.

1. El no me vio.
2. Ella no me dijo nada.
3. Ellos no me mandaron el paquete.
4. Carlos no me saludó.
5. El señor no me dio la mano.
6. Papá no me abrazó.
7. El me echó una mirada.
8. Ella me escribió una carta.

9. Complete the following mini-conversation with the appropriate pronouns.

—¿ _____ llamó Pepe?
—Sí, él _____ llamó.
—¿Qué _____ dijo?
— _____ dijo todo lo que había pasado.
—¿Y no _____ vas a decir lo que ha pasado?
—Lo siento pero no _____ voy a decir nada.

INDIRECT OBJECT PRONOUNS

Le, Les

The third person indirect object pronoun is **le** in the singular and **les** in the plural. Note that in the third person there is a definite difference between the direct and indirect object pronouns. The direct object pronouns are **lo, los, la, las.** With the indirect object pronouns **le, les** there is no gender differentiation. Because of this, a prepositional phrase often accompanies **le** and **les** to add clarity. Study the following:

> **Yo le hablo a él.**
> **Yo le hablo a ella.**
> **Yo le hablo a Ud.**
>
> **El les da los informes a ellos.**
> **El les da los informes a ellas.**
> **El les da los informes a Uds.**

Note that the pronouns **le** and **les** are commonly used even if a noun object is expressed in the sentence.

> **Le dí la carta a María.**
> **El les mandó los informes a sus amigos.**

10. Complete the following sentences with the pronoun **le** or **les.**

1. El _____ habla a Ud.
2. Ella _____ dio el mensaje a ellos.
3. El _____ contó el episodio a ella.
4. La profesora _____ explicó a lección a los alumnos.
5. Carlos _____ dio los resultados a Uds.
6. María _____ escribió una carta a él.

11. Rewrite the following sentences, substituting the italicized indirect object with a pronoun.

1. El dijo la verdad *a María*.
2. El cartero dio las cartas *a Juan*.
3. El señor González habló *a sus hijos*.
4. Yo dí un regalo *a mi hermana*.
5. Elena mandó el paquete *a sus primos*.
6. El profesor explicará la lección *a las alumnas*.
7. Carlos escribió una carta *a su amiga*.
8. El capitán dio las órdenes *a los soldados*.

12. Complete the following sentences with the appropriate direct or indirect object pronoun.

1. María visitó a su abuela.
   María _____ visitó.

2. El padre leyó el cuento a su hijo.
   El padre _____ leyó el cuento.

3. María vio el drama en el Teatro Real.
   María _____ vio en el Teatro Real.

4. La chico sabía los resultados.
   La chica _____ sabía.

5. El conductor devolvió los billetes a los pasajeros.
   El conductor _____ devolvió los billetes.

6. Carlos dijo «adiós» a María.
   Carlos _____ dijo «adiós.»

7. El señor vio a su amigo y dio la mano a su amigo.
   El señor _____ vio y _____ dio la mano.

DOUBLE OBJECT PRONOUNS

Me lo, Te lo, Nos lo

In many cases both a direct and indirect object pronoun will appear in the same sentence. When such occurs, the indirect object pronoun always precedes the direct object pronoun. Study the following.

Juan me lo dijo.	*John told it to me.*
María nos los enseñó.	*Mary showed them to us.*
Juan te lo explicó.	*John explained it to you.*

13. Rewrite the following sentences, substituting the direct object with a pronoun.

1. María me mostró las fotografías.
2. Ella nos explicó la teoría.
3. Ellos te mandaron el paquete.
4. Ella nos dio la cuenta.
5. El me devolvió el dinero.
6. ¿El no te dio los billetes?
7. El profesor nos enseñó la lección.
8. El señor me vendió el coche.
9. Mi madre me compró la falda.
10. ¿Quién te dio las flores?

14. Complete the following mini-conversation with the appropriate commands.

—¿Sabes lo de Juan?
—¿ Lo que le pasó? Se, _____ sé.
—¿Quién _____ _____ dijo?
—No _____ _____ dijo nade.
—¿Cómo es que no _____ _____ dijo nadie? _____
   estás tomando el pelo.
—No, no. No _____ estoy tomando el pelo. La verdad es que no
   _____ _____ dijo nadie porque yo vi lo que le pasó.

15. Answer the following questions according to the model.

¿Quién te compró la blusa? → Mamá me la compró.

1. ¿Quién te compró los zapatos?
2. ¿Quién te compró la pollera?
3. ¿Quién te compró el suéter?
4. ¿Quién te compró las medias?
5. ¿Quién te compró los jeans?

Se lo

The indirect object pronouns **le** and **les** both change to **se** when used with the direct object pronouns **lo, los, la, las.** Since the pronoun **se** can have so many meanings, it is often clarified by the use of a prepositional phrase.

El se lo dice a él (a ella, a Ud., a ellos,	*He tells it to him (to her, to you, to them,*
a ellas, a Uds.).	*to them, to you).*

Ellos se la explican a él (a ella, a Ud., a ellos, a ellas, a Uds.)   *They explain it to him (to her, to you, to them, to them, to you).*

16. Rewrite the following sentences, substituting pronouns for the direct and indirect objects.

   1. Carlos le dio las recetas a su amiga.
   2. Yo le mandé el regalo a Carlos.
   3. El profesor les explicó la lección a los alumnos.
   4. La madre compró el abrigo para María.
   5. El pasajero le dio los billetes al empleado.
   6. María les leyó el cuento a las niñas.
   7. Nosotros les dimos el dinero a nuestros hijos.
   8. El les vendió la casa a sus vecinos.
   9. El capitán les dio las órdenes a los soldados.
   10. El jefe les pagó el sueldo a los labradores.
   11. Teresa le explica la regla a Carlos.
   12. Elene le mostró las fotografías a su amigo.

POSITION OF OBJECT PRONOUNS

With Conjugated Verbs

The object pronouns always precede the conjugated form of the verb. If a sentence is negative, the negative word precedes the object pronouns. With compound tenses the object pronouns precede the auxiliary verb.

El profesor nos explicó la lección.
El no me lo dijo.
Ellos te lo han dado.

17. Rewrite the following sentences, substituting pronouns for the direct and indirect objects.

   1. Carlos leyó el cuento.
   2. María no ha visto el programa.
   3. Tomás sabe la historia.
   4. María me mandó el regalo.
   5. El ha construído los puentes.
   6. Ellos me explicaron el problema.
   7. El no nos repitió la pregunta.
   8. El ha terminado el trabajo.
   9. Yo di los resultados a Juan.
   10. Carlos vio a María el otro día.

With Infinitives

The object pronouns can either be attached to the infinitive or precede the auxiliary verb. When two pronouns are attached to the infinitive, the infinitive carries a written accent mark to maintain the same stress.

El me lo quiere explicar.
El quiere explicármelo.

María te va a ayudar.
María va a ayudarte.

Ella nos lo prefiere mandar por correo.
Ella prefiere mandárnoslo por correo.

El te quiere pedir un favor.
El quiere pedirte un favor.

18. Rewrite the following sentences, placing the pronouns before the auxiliary verb.

1. El quiere explicártelo.
2. María prefiere decírselo a Ud.
3. Mi madre va a mostrárnoslas.
4. Carlos desea decirte algo.
5. El quería vendérmela.

19. Rewrite the following sentences, adding the pronouns to the infinitive.

1. Ella me quería ayudar.
2. Su padre nos lo va a dar.
3. Elena lo prefiere comprar.
4. El maestro te lo quiere explicar.
5. El camarero se los va a servir.

20. Rewrite the following sentences according to the model.

Ella te lo comprará. → Ella te lo va a comprar.
Ella va a comprártelo.

1. Juanita no lo servirá.
2. El no te la pedirá.
3. Ellos me lo dirán.
4. María se las mandará.
5. El me los venderá.

21. Rewrite the following according to the model.

Ella quiere mandar el telegrama a Teresa. → Ella se lo quiere mandar.
Ella quiere mandárselo.

1. Ella quiere darte el regalo.
2. Queremos devolver el libro al profesor.
3. Van a servir la comida al convidado.
4. El presidente prefiere dar la conferencia.
5. Ellos piensan vender el carro.
6. María quiere escribirle la carta.
7. Ella quiere explicarnos la teoría.
8. El va a devolverme el dinero.
9. Ella puede enviarnos los resultados.
10. Yo quiero mostrarte la camisa.

With Present Participles

With the progressive tenses the pronouns can either precede the auxiliary verb **estar** (**seguir, ir,** or **andar**) or be attached to the present participle. When either one or two pronouns is attached to the participle, the participle carries a written accent mark to maintain the same stress.

El está construyendo el puente.
El lo está construyendo.
El está construyéndolo.

El profesor está explicando la lección a los alumnos.
El profesor se la está explicando.
El profesor está explicándosela.

22. Rewrite the following sentences, putting the pronouns before the auxiliary.

   1. María estaba hablándonos.
   2. El estaba distribuyéndolos.
   3. Yo estaba ayudándote.
   4. Estábamos explicándoselo.
   5. Estaban mostrándomelas.

23. Rewrite the following sentences, attaching the pronouns to the participle.

   1. Ellos lo están mirando.
   2. Yo te la estaba leyendo.
   3. Nosotros los estábamos ayudando.
   4. El nos lo está explicando ahora.
   5. El señor lo está sirviendo ahora.

24. Rewrite the following according to the model.

   Ella siguió preparando la tarea. → Ella la siguió preparando.
   Ella siguió preparándola.

   1. Están cantándote la canción.
   2. Está dedicando el libro al general.
   3. Estamos sirviendo la comida a los clientes.
   4. Ella está mostrándome las fotografías.
   5. El está preparándote el desayuno.
   6. El está devolviéndonos los documentos.
   7. Ella sigue explicándoles la regla.
   8. Yo estoy repitiéndote la pregunta.

25. Rewrite each of the following sentences, replacing the italicized words with pronouns.

   1. La recepcionista está atendiendo *al cliente*.
   2. El cliente está hablando *a la recepcionista*.
   3. Ellos están discutiendo *la reservación*.
   4. El señor quiere hacer *la reservación* ahora.
   5. Él quiere reservar *el mismo cuarto*.
   6. La recepcionista le asegura que puede darle *el mismo cuarto*.
   7. El señor está agradeciendo *a la recepcionista*.
   8. La recepcionista quiere ver *su tarjeta de crédito*.
   9. El señor está buscando *su tarjeta de crédito*.
   10. El acaba de dar *la tarjeta de crédito a la recepcionista*.
   11. La recepcionista está apuntando *el número de la tarjeta*.
   12. La recepcionista va a devolver *la tarjeta de crédito al cliente*.

With Commands

The object pronouns are always attached to the affirmative commands and always precede the negative commands. Note that if the command has more than one syllable, a written accent mark must appear when one or more pronouns is added. If the command has only one syllable, the accent mark is written only when two pronouns are added.

Hágamelo Ud.   **Hágalo Ud.**
No me lo haga Ud.   **No lo haga Ud.**

Házmelo.   **Hazlo.**
No me lo hagas.   **No lo hagas.**

(Before doing the following exercises, you may wish to review command forms in Chapter 3.)

26. Rewrite the following sentences in the negative.

    1. Hágalo Ud.
    2. Prepárenmelo Uds.
    3. Póngalos Ud. allí.
    4. Sírvamela Ud.
    5. Ayúdenme Uds.
    6. Cántemelo Ud.
    7. Dame el libro.
    8. Dámelo.
    9. Véndemelos.
   10. Pídeselo a él.

27. Rewrite the following sentences in the affirmative.

    1. No lo termine Ud.
    2. No me lo digan Uds.
    3. No la ofrezca Ud.
    4. No nos la prepare Ud.
    5. No me lo canten Uds.
    6. No los ponga Ud. allí.
    7. No me lo digas.
    8. No nos la sirvas.
    9. No se lo vendas.
   10. No me ayudes.

28. Rewrite the following sentences, substituting the objects with pronouns.

    1. Suba Ud. las maletas.
    2. Dígame Ud. el episodio.
    3. Pida Ud. la ayuda.
    4. Laven Uds. los platos.
    5. Busca al perro.
    6. Prepárame la comida.
    7. Vende los carros.
    8. No lea Ud. el libro.
    9. No sirvan Uds. los refrescos.
   10. No saque Ud. la fotografía.
   11. No pongas la comida en la mesa.
   12. No dé Ud. el dinero a Carlos.

First person plural (**Let's**)

   The same rule applies to the *let's* form of the verb (first person plural subjunctive) as applies to the other commands. The pronoun is attached in affirmative expressions and precedes the verb when the sentence is negative.

Ayudémoslo.	*Let's help him.*
Hagámoslo.	*Let's do it.*
No lo ayudemos.	*Let's not help him.*
No lo hagamos.	*Let's not do it.*

In the case of reflexive verbs the final **-s** of the verb is dropped with the pronoun **nos**.

Sentémonos.	*Let's sit down.*
Levantémonos.	*Let's get up.*
Acostémonos.	*Let's go to bed.*
Vistámonos.	*Let's get dressed.*

Note that the verb **irse** is not used in the subjunctive form.

Vámonos.	*Let's go. (Let's get going.)*

29. Rewrite the following sentences in the affirmative.

    1. No la preparemos.
    2. No los vendamos.
    3. No le escribamos a él.
    4. No se lo digamos.
    5. No lo hagamos.
    6. No se los devolvamos.

30. Follow the model.

    ¿Acostarnos? → Sí, acostémonos.
    No, no nos acostemos.

    1. ¿Levantarnos?
    2. ¿Lavarnos la cara?
    3. ¿Prepararnos?
    4. ¿Quitarnos la corbata?
    5. ¿Vestirnos?
    6. ¿Peinarnos?

SPECIAL VERBS WITH INDIRECT OBJECTS

Verbs such as **asustar**, *to scare*, **encantar**, *to enchant*, **enfurecer**, *to make one furious*, **enojar**, *to annoy*, and **sorprender**, *to surprise*, function the same in Spanish as in English. They are always used with the indirect object. In Spanish, the subject of the sentence often comes at the end.

Aquel ruido me asusta.	
Me asusta aquel ruido.	*That noise scares me.*
¿Te encantan los bailes chilenos?	*Do the Chilean dances enchant you?*
A Juan le enfurecen mis opiniones.	*My opinions infuriate John.*
Nos enojan aquellos rumores.	*Those rumors annoy us.*
Les sorprendió la noticia.	*The news surprised them.*

In Spanish there are two other verbs, **gustar** and **faltar** (**hacer falta**), which function in the same way. The verb **gustar** is translated into English as "*to like*" and **faltar** "*to need.*" These verbs actually mean, however, "*to be pleasing to*" and "*to be lacking.*" For this reason the English subject becomes an indirect object in Spanish.

Me gusta la comida.	*I like the meal.*
Me gustan los mariscos.	*I like shellfish.*
A Juan le gusta bailar.	*John likes to dance.*
A Juan le gustan los bailes.	*John likes the dances.*
Nos gusta la música.	*We like the music.*
Nos gustan las canciones.	*We like the songs.*
Les gusta la idea.	*They like the idea.*
Les gustan los resultados.	*They like the results.*

31. Complete the following sentences with the appropriate indirect object pronoun and verb ending.

  1. A mí _____ enfurec _____ aquella mosca.
  2. A mí _____ sorpend _____ aquellas noticias.
  3. A nosotros _____ encant _____ su programa de televisión.
  4. A nosotros _____ enoj _____ sus opiniones.
  5. A ti _____ asust _____ los ruidos, ¿no?
  6. A ti _____ d _____ miedo viajar en avión.
  7. A Juan _____ encant _____ bailar.
  8. A María _____ asust _____ los proyectos.
  9. A ellos _____ asust _____ la guerra.
 10. A ellas _____ sorprend _____ el plan.

32. Answer the following questions.

  1. ¿Te gusta la música?
  2. ¿Te gustan las ensaladas?
  3. ¿A Juan le gusta estudiar?
  4. ¿A María le gustan los estudios?
  5. ¿A Uds. les gusta el plan?
  6. ¿A Uds. les gustan las noticias?
  7. ¿A ellos les gusta la langosta?
  8. ¿A ellos les gustan las legumbres?

33. Rewrite the following sentences according to the model.

  A mí / la langosta → Me gusta la langosta.

  1. A nosotros / la música
  2. A Pablo / las lenguas
  3. A ellos / el proyecto
  4. A ti / los programas
  5. A Elena / el arte moderno
  6. A Uds. / los conciertos
  7. A nosotros / la ópera
  8. A mí / los zapatos italianos

34. Follow the model.

  No tengo dinero. → Me falta dinero.

  1. No tengo papel.
  2. No tenemos el libro.
  3. Ellos no tienen tiempo.

4. No tienes trabajo.
5. El no tiene paciencia.
6. No tengo los billetes.

REFLEXIVE PRONOUNS

Reflexive pronouns are used when the action in the sentence is both executed and received by the subject. (For a complete review of reflexive verbs see Chapter 3.)

The reflexive pronouns are:

me	**nos**
te	**os**
se	**se**

35. Complete the following sentences with the appropriate reflexive pronoun.

1. Yo _____ llamo Juan.
2. _____ lavamos la cara.
3. ¿A qué hora _____ levantas?
4. ¿Por qué no _____ peina ella?
5. El _____ viste de moda.
6. Ellos _____ ponen la chaqueta ahora.
7. _____ cepillamos los dientes.
8. Ella _____ baña ahora.
9. ¿Por qué no _____ quitas la corbata?
10. _____ marcho en seguida.
11. ¿Por qué no _____ sienta Ud. con nosotros?
12. _____ acostamos tarde.
13. Ellos _____ preparan para ir a la fiesta.

With an Indirect Object Pronoun

In order to express an involuntary or unexpected action, the reflexive pronoun along with the indirect object pronoun is used in the same sentence. You will note that the direct object of the English sentence functions as the subject of the Spanish sentence.

Se me cayó el vaso.	*I dropped the glass. (It fell out of my hand.)*
Se me cayeron los vasos.	*I dropped the glasses.*
A Juan se le olvidó el cuaderno.	*John forgot his notebook.*
A Juan se le olvidaron los billetes.	*John forgot the tickets.*

36. Complete the following sentences with the appropriate pronouns and the preterite verb endings.

1. A mí _____ escap _____ la palabra exacta.
2. A nosotros _____ olvid _____ el billete.
3. A mí _____ olvid _____ los planes.
4. ¿A Ud. _____ rob _____ el dinero?
5. Al niño _____ cay _____ los juguetes.
6. A ti _____ fu _____ la idea, ¿no?
7. A ellos _____ not _____ cierto acento.
8. A María _____ perd _____ la llave.
9. ¿A ti _____ romp _____ la pierna?
10. A las chicas _____ sal _____ las lágrimas.

PREPOSITIONAL PRONOUNS

The prepositional pronouns (pronouns that follow a preposition) are the same as the subject pronouns with the exception of **yo** and **tú** which change to **mí** and **ti**.

Subject	Prepositional	Subject	Prepositional
yo	mí	nosotros, -as	nosotros, -as
tú	ti	vosotros, -as	vosotros, -as
él	él	ellos	ellos
ella	ella	ellas	ellas
Ud.	Ud.	Uds.	Uds.

Note that **mí** takes an accent and **ti** does not. This is to distinguish the pronoun **mí** from the possessive adjective **mi** which does not carry an accent.

Están hablando de ti.
No están hablando de mí.
Ellos viven cerca de nosotros.
Carlos quiere hablar con ella.

With the preposition **con**, the pronouns **mí** and **ti** are contracted to form one word.

conmigo   contigo

Juan quiere ir conmigo.
Yo quiero ir contigo.

37. In the following sentences, change the plural prepositional pronouns to the singular and vice versa.

1. María lo compró para ellos.
2. Ellos no hablaban de nosotros.
3. ¿Fuiste sin ella?
4. Ellos quieren ir con nosotros.
5. Ella está pensando en mí.
6. ¿Por qué no habla María con Uds.?
7. Para él, no es importante.
8. Ella vive cerca de ti, ¿no?
9. El regalo es para Uds.
10. Juan no quiere hacerlo sin ella.

38. Follow the model.

Yo vine con él. → El vino conmigo.

1. Yo estudié con él.
2. Yo hablé con él.
3. Yo salí con él.
4. Yo lo discutí con él.
5. Tú fuiste con él.
6. Tú llegaste con él.
7. Tú volviste con él.
8. Tú saliste con él.

POSSESSIVE PRONOUNS

Possessive pronouns are used to replace a noun modified by a possessive adjective. The possessive pronoun must agree with the noun it replaces and is accompanied by the appropriate definite article.

Adjective	*Pronouns*
mi, mis	el mío, la mía, los míos, las mías
tu, tus	el tuyo, la tuya, los tuyos, las tuyas
su, sus	el suyo, la suya, los suyos, las suyas
nuestro, nuestra, nuestros, nuestras	el nuestro, la nuestra, los nuestros, las nuestras
vuestro, vuestra, vuestros, vuestras	el vuestro, la vuestra, los vuestros, las vuestras
su, sus	el suyo, la suya, los suyos, las suyas

Yo tengo mi libro, no el tuyo.	*I have my book, not yours.*
Carmen tiene su cámara, no la tuya.	*Carmen has her camera, not yours.*
Aquí están tus billetes. ¿Dónde están los míos?	*Here are your tickets. Where are mine?*
Aquí están tus maletas. ¿Dónde están las mías?	*Here are your suitcases. Where are mine?*

You will note that after the verb **ser,** the definite article is omitted.

Aquel libro es mío.
Aquella casa es nuestra.
Aquellos billetes son tuyos.
Aquellas maletas no son suyas.

The definite article can be used, however, in special cases for emphasis.

¿Aquel paquete? Es el mío, no el tuyo.	*That package? It's mine, not yours.*

Since the pronouns **el suyo,** etc., can mean so many things, they are often clarified by a prepositional phrase.

el de él	la de él	los de él	las de él
el de ella	la de ella	los de ellas	las de ellas
el de Ud.	la de Ud.	los de Ud.	las de Uds.

39. Replace the italicized phrases with the appropriate possessive pronoun.

1. Tengo *mi cámara.*
2. *Tu cámara* saca mejores fotos que *mi cámara.*
3. Yo tengo *mis billetes* pero Carlos no sabe dónde están *sus billetes.*
4. Carlos busca *sus maletas y mis maletas.*
5. Hemos vendido *nuestra casa* pero no vamos a comprar *tu casa.*
6. ¿Dónde está *tu carro? Mi carro* está en el parqueo.

7. María prefiere *nuestro apartamento*.
8. ¿Tiene Ud. *su pasaporte* o *mi pasaporte?*
9. *Nuestros hijos* no están con *tus hijos* ahora.
10. Este paquete es *mi paquete*, el otro es *tu paquete*.
11. *Nuestra piscina* es más pequeña que *su piscina*.
12. Estas son *mis revistas*. ¿Dónde están *tus revistas?*

DEMONSTRATIVE PRONOUNS

The demonstrative pronouns are the same as the demonstrative adjectives (see Chapter 2), but they carry a written accent mark to distinguish them from the adjective form.

éste	**ésta**	*this one (here)*
ése	**ésa**	*that one (there)*
aquél	**aquélla**	*that one (over there)*
éstos	**éstas**	*these (here)*
ésos	**ésas**	*those (there)*
aquéllos	**aquéllas**	*those (over there)*

Me gusta éste. — *I like this one.*
Pero prefiero ése (que tiene Ud.). — *But I prefer that one (that you have).*
Sin embargo, aquél es el mejor. — *Nevertheless, that one (over there) is the best.*

40. Complete the following sentences with the appropriate demonstrative pronoun.

1. Esta novela es interesante pero prefiero _____ (que tiene Ud.).
2. Aquellas casas son más pequeñas que _____ (aquí).
3. Este carro cuesta menos que _____ (allá).
4. La otra playa siempre tiene más gente que _____ (aquí).
5. Estas maletas son mejores que _____ (en la otra tienda).
6. ¿Cuántos libros? He leído _____ (aquí), _____ (que tiene Ud.) y _____ (que están allí).
7. De las novelas que he leído prefiero _____ (que estoy leyendo ahora).
8. Estos hoteles son tan modernos como _____ (allá).

RELATIVE PRONOUNS

Que

The relative pronoun is used to introduce a clause which modifies a noun. The most commonly used relative pronoun in Spanish is **que**. **Que** can be used to replace either a person or a thing and can function as either the subject or the object of the clause.

El señor que habla ahora es venezolano.
El libro que está en la mesa es mi favorito.
El señor que vimos anoche es el presidente de la compañía.
Los libros que escribe aquel señor son interesantes.

Note that the pronoun **que** can also be used after a preposition but only when it refers to a thing.

La novela de que hablas es de Azuela.
Los útiles con que trabajan son viejos.

41. Complete the following sentences with the relative pronoun.

    1. El problema _____ discuten no es serio.
    2. La chica _____ acaba de entrar es mi hermana.
    3. Los libros _____ tú tienes son míos.
    4. El señor _____ conocimos anoche no está aquí.
    5. La botella _____ está en la mesa está vacía.
    6. Las chicas _____ invitamos son de la capital.
    7. El dinero con _____ contamos no ha llegado.
    8. No sé nada del asunto de _____ hablas.

42. Combine the following sentences according to the model.

    El escribió los libros. Los libros son interesantes. → Los libros que él escribió son interesantes.

    1. La sala está a la derecha. La sala es elegante.
    2. Leo la revista. Es argentina.
    3. El tren era viejo. Hicimos el viaje en el tren.
    4. El médico es famoso. Vimos al médico anoche.
    5. La señora entró. La señora es poeta.
    6. Tú tienes el cuadro. El cuadro vale mucho.
    7. María compró la blusa. La blusa era bonita.
    8. Vimos la película. La película es americana.

A quien, A quienes

The relative pronoun **a quien** (**a quienes**) can replace the relative pronoun **que** when it replaces a person that functions as the direct object of the clause.

    El señor que conocimos anoche es el presidente.
    El señor a quien conocimos anoche es el presidente.

The pronoun **quien** must be used after a preposition when it refers to a person. **Que** (after a preposition) refers only to things.

    La chica en quien estoy pensando es venezolana, no cubana.
    Las señoras con quienes salió son mexicanas.

43. Rewrite the following sentences, substituting **que** with **a quien** or **a quienes**.

    1. El médico que llamamos vino en seguida.
    2. El señor que vimos acaba de llegar de Madrid.
    3. El niño que oímos estaba enfermo.
    4. Los amigos que espero no han llegado.
    5. La chica que vimos anoche es actriz.
    6. Los estudiantes que invitamos son extranjeros.

44. Complete the following sentences with the relative **que** or **quien**.

    1. La señora de _____ habló no está.
    2. No sé el título del libro en _____ piensas.
    3. La chica para _____ compré el regalo me ayudó mucho.
    4. Es un asunto en _____ no tengo ningún interés.
    5. El chico con _____ baila Teresa es guapo.
    6. La señora con _____ yo voy de compras es mi vecina.

El que, La que

The longer pronouns **el que, la que, los que,** and **las que** may also be used as a subject or object of a clause and replace either persons or things. They can replace **que** or **quien** when the speaker wishes to be extremely precise. The most common usage of these pronouns is to provide emphasis. They are equivalent to the English *the one who, the ones who.*

El que llega es mi hermano.	*The one who is arriving is my brother.*
La que llegará pronto es mi hermana.	*The one who will arrive soon is my sister.*
Los que llegaron fueron mis hermanos.	*The ones who arrived are my brothers.*
Las que llegaron fueron mis hermanas.	*The ones who arrived are my sisters.*

Note the agreement of the verb **ser.** When the present or future is used in the clause, the present of **ser** is used in the main clause. When the preterite is used in the clause, the preterite of **ser** is used in the main clause.

The pronouns **el cual, la cual, los cuales,** and **las cuales** can be used to replace **el que, la que, los que,** and **las que.** They are not common in everyday conversational Spanish and are used only with a more oratorical style.

45. Tranform the following according to the models.

Mi amigo llegó. → El que llegó fue mi amigo.

Mi amiga cantará. → La que cantará es mi amiga.

1. Don Pedro habló con el presidente.
2. La señora González salió primero.
3. Mis primos vinieron en avión.
4. Mi hermana bailará el fandango.
5. El dueño pagará los sueldos.
6. Los directores resolverán el problema.
7. Carlota me invitó a la fiesta.
8. Mis tías estarán aquí.

With Prepositions

The pronouns **que** and **quien** are used after the short, common prepositions such as **de, con, por, para, a,** etc. However, after the less commonly used longer prepositions such as **alrededor de, tras, hacia, durante, cerca de, a través de, lejos de,** the long form **el que** of the relative pronoun is used. Since this is a rather elegant style, it is quite common to use the **el cual** form of the pronoun.

El edificio encima del cual construyeron la piscina es un hotel elegante.	*The building on top of which they built the swimming pool is an elegant hotel.*
La casa alrededor de la cual vimos los jardines es del presidente.	*The house around which we saw the gardens is the president's (house).*
Las muchas noches durante las cuales esperábamos la llegada del enemigo, no podía dormir.	*The many nights during which we awaited the arrival of the enemy, I couldn't sleep.*

Note that **el** is contracted with **de** to form **del.**

46. Complete the following sentences with the appropriate relative pronoun.

1. La tienda detrás de _____ estacionamos el coche es una tienda de modas.
2. La iglesia enfrente de _____ está el museo es del siglo XVI.
3. Las causas contra _____ lucharon no tenían mérito ninguno.
4. El edificio desde _____ vimos toda la ciudad es un verdadero rascacielos.
5. Aquellos dos palacios alrededor de _____ hay jardines magníficos fueron construídos por los árabes.
6. La ciudad hacia _____ nos dirigimos es un verdadero museo.

Lo que

Lo que is a neuter relative pronoun which is used to replace a general or abstract idea rather than a specific antecedent. It is similar to the English *what*.

Lo que necesitamos es más dinero.   *What we need is more money.*
No entiendo lo que está diciendo.   *I don't understand what he is saying.*

47. Introduce the following statements with **lo que** according to the model.

Necesito más tiempo. → **Lo que necesito es más tiempo.**

1. Dice la verdad.
2. Voy a vender la casa.
3. Quiero hacer un viaje.
4. Quieren más libertad.
5. Me sorprende su proyecto.
6. Necesitamos otro coche.

Cuyo

The relative **cuyo** is equivalent to the English *whose*. It agrees with the noun it modifies.

La señora cuyo hijo habla es directora de la escuela.   *The woman whose son is speaking is director of the school.*
**El señor cuyas maletas están aquí fue a sacar sus billetes.*   *The man whose suitcases are here went to buy his tickets.*

48. Complete the following sentences with the appropriate form of **cuyo**.

1. El chico _____ padre murió es mi amigo.
2. El museo _____ nombre se me escapa es muy famoso.
3. Es un médico _____ fama es mundial.
4. La señora _____ perro estamos buscando es amiga de mi madre.
5. El señor _____ fincas están en Andalucía vive aquí en la capital.
6. Me encanta aquel jardín _____ flores embellecen la calle.

Chapter 7

Ser and *Estar*

There are two verbs in Spanish which have the English meaning *to be*. These verbs are **ser** and **estar.** Each of these verbs has very definite uses, and they are not interchangeable. The verb **ser** is derived from the Latin verb **esse** from which is also derived the English word *essence*. The verb **ser** is therefore used to express an inherent quality or characteristic. The verb **estar,** on the other hand, is derived from the Latin verb **stare** from which is also derived the English word *state*. The verb **estar** is therefore used to express a temporary state or condition.

WITH PREDICATE NOMINATIVE

When a noun follows the verb *to be,* it is called the predicate nominative. Since in such a sentence the subject and predicate nominative are the same person or thing, the verb **ser** is always used.

> **El carbón es un mineral.**
> **El señor González es médico.**
> **La señora Alvarez es una abogada conocida.**

1. Form sentences from the following.

1. Venezuela / ser / república / latinoamericano
2. Carlos / ser / estudiante
3. Nosotros / ser / profesor
4. perro / ser / animal / doméstico
5. oro / ser / metal / precioso
6. señor González / ser / ingeniero
7. Ellos / ser / dentista
8. Madrid / ser / capital / España

151

ORIGIN VERSUS LOCATION

The verb **ser (de)** is used to express origin: where someone or something is from.

El señor González es de México.
Aquellos vinos son de Francia.

As an extension of the idea of origin, the verb **ser (de)** is also used to express ownership or to state the material from which something is made.

> **Ese libro es de Juan.**
> **El coche es del señor González.**
> **El anillo es de plata.**
> **La casa es de madera.**

2. Complete the following sentences with the appropriate form of the verb **ser.**

1. La señora López _____ de Cuba.
2. Aquel libro _____ de Juan.
3. El vino _____ de Andalucía.
4. La casa _____ de ladrillos.
5. Aquellos señores _____ de Chile.
6. Los mejores artículos _____ de aquella fábrica.
7. Nosotros _____ de California.
8. Las mesas _____ de madera.

The verb **estar** is used to express location. Note that whether the location is permanent or temporary the verb **estar** is always used.

> **Carlos está ahora en Nueva York.**
> **Madrid está en España.**

3. Complete the following sentences with the appropriate form of the verb **estar.**

1. Nuestra casa _____ en la Calle Mayor.
2. Caracas _____ en Venezuela.
3. Yo _____ en la universidad.
4. Los pasajeros _____ en la sala de espera.
5. Los edificios más altos _____ en Nueva York.
6. Colombia _____ en la América del Sur.
7. El apartamento _____ en el quinto piso.
8. Las flores _____ en la mesa.

4. Complete the following sentences with the appropriate form of **ser** or **estar.**

1. Caracas _____ la capital de Venezuela.
2. Caracas _____ cerca de la costa del Caribe.
3. Aquellos señores _____ de Caracas.
4. Ahora ellos _____ en Bogotá.
5. El puerto _____ en el Pacífico.
6. Aquellas mercancías _____ del Japón.
7. Las flores que _____ en la mesa _____ del jardín.
8. El anillo que _____ en el escaparate _____ de plata;
   no _____ de oro.
9. Yo _____ de Madrid y mi apartamento _____ en el tercer piso
   de un edificio que _____ en la calle Goya.
10. La fuente _____ de mármol y _____ en la plaza principal.

5. Answer the following personal questions.

    1. ¿De dónde es Ud.?
    2. ¿De dónde es su padre?
    3. Y su madre, ¿de dónde es ella?
    4. ¿De qué es su casa, de madera o de ladrillos?
    5. ¿Dónde está su casa?
    6. ¿Y dónde está Ud.?
    7. ¿De dónde es Ud. y dónde está Ud. ahora?
    8. Y su escuela, ¿dónde está?
    9. ¿De dónde es su profesor(a) de español?

Meaning "to take place"

The expression *to take place* in Spanish is **tener lugar.** In English the expression *to take place* can often be substituted by the verb *to be.*

> *The concert is tomorrow.*
> *It will be in Central Park.*

The same is true in Spanish. The verb **ser** is always used to take the place of **tener lugar.**

> **El concierto será mañana.**
> **Será en el parque central.**

6. Rewrite the following sentences replacing **tener lugar** with the verb **ser.**

    1. El concierto tiene lugar a las ocho.
    2. La fiesta tendrá lugar el viernes.
    3. El baile tiene lugar en la sala principal.
    4. La película tiene lugar hoy.

7. Complete the following sentences with the appropriate form of the verb **ser** or **estar.**

    1. El concierto _____ mañana.
    2. ¿Dónde _____ ?
    3. _____ en el Teatro Liceo.
    4. ¿Dónde _____ el teatro?
    5. _____ en la Avenida Velázquez.
    6. ¿A qué hora _____ el concierto?
    7. _____ a las ocho.
    8. Bien, nosotros _____ allí a las ocho.

CHARACTERISTIC VS CONDITION

When an adjective follows the verb *to be,* either the verb **ser** or **estar** can be used. However, the verb used depends upon the meaning the speaker wishes to convey.

In order to express an inherent quality or characteristic the verb **ser** is used.

> **La casa es moderna.**
> **Carlos es guapo.**
> **María es muy amable.**

The verb **ser** is also used when the speaker wishes to imply that the subject belongs to a particular class or type.

Estas frutas son agrias.	*These fruits are sour. (They are the sour kind.)*
Juan es borracho.	*John is a drunkard. (He belongs to this group.)*

In contrast to the verb **ser,** the verb **estar** is used when the speaker wishes to imply a temporary state or condition rather than an inherent characteristic.

El agua está fría.
El café está caliente.

Note the difference in the following sentences.

María es bonita.	*Mary is pretty. (She is a pretty person.)*
María está bonita (hoy).	*Mary is pretty (today). (She is wearing something that makes her look pretty.)*
Carlos es borracho.	*Charles is a drunkard.*
Carlos está borracho.	*Charles is drunk.*
Estas frutas son agrias.	*These fruits are the sour kind.*
Estas frutas están agrias.	*These (particular) fruits are bitter. (Some of the same kind are sweet.)*

With words such as **soltero** (*bachelor*), **casado** (*married*), **viuda** (*widow*), either **ser** or **estar** can be used. For example, to say "**Estoy soltero,**" gives the meaning "*I am (still) a bachelor.*" To say "**Soy soltero**" gives the meaning "*I am a bachelor*" in the sense that I belong to the bachelor group.

Note that the verb **estar** is used with **muerto** even though death is eternal. It is considered a state, in comparison to being alive.

Él está vivo.
No está muerto.

The verb **estar** is always used with the adjective **contento,** since it is considered a state or condition. There was a time that the verb **ser** had to be used with **feliz.** This is no longer the case. You will see and hear the verbs **ser** and **estar** used with **feliz** with equal frequency.

Ella está contenta.
Ella es (está) feliz.

8. Complete the following sentences as if you were describing a characteristic.

1. María _____ morena.
2. La familia Gómez _____ rica.
3. Aquel chico _____ muy guapo.
4. Manuel _____ casado.
5. Su abuelo _____ viejo.
6. Aquellos niños _____ sumamente inteligentes.
7. Aquella comida _____ buena para la salud.
8. El _____ muy amable y generoso.
9. María _____ muy trabajadora.
10. El _____ feliz.

9. Complete the following sentences as if you were describing a condition.

  1. Mi padre _____ enfermo.
  2. Los niños _____ cansados.
  3. ¡Qué guapo _____ Tomás hoy!
  4. Ellos _____ casados.
  5. El agua _____ fría.
  6. La langosta _____ buena.
  7. Este té _____ muy caliente.
  8. ¡Qué pálido _____ tú hoy!

10. Complete the following sentences with the appropriate form of the verb **ser** or **estar** according to the meaning conveyed in the sentence.

  1. Esta _____ muy buena. La debes comer para la salud.
  2. Esta comida _____ muy buena. El cocinero la preparó muy bien.
  3. El pobre viejo _____ enfermo. Siempre está en el hospital.
  4. Carlos _____ enfermo hoy pero estoy seguro de que mañana estará en la oficina.
  5. Enrique _____ todavía soltero pero estoy seguro de que se casará.
  6. La señora López _____ triste después de recibir las malas noticias.
  7. María, ¡qué bonita _____ con aquel traje!
  8. María, tú _____ tan bonita.
  9. Juan, ¿por qué _____ tú tan generoso hoy?
  10. El señor López _____ muy generoso. Siempre ayuda a los pobres.
  11. El _____ de mal humor hoy. No sé lo que le ha pasado.
  12. El _____ de mal humor. Es su manera de ser.
  13. El azúcar _____ dulce pero este café _____ amargo.
  14. ¡Qué dulce _____ esta torta! No me gusta.
  15. Mi hermano _____ muy callado hoy. No sé por qué no quiere hablar.

CHANGES OF MEANING

Certain words actually change meaning when used with **ser** or **estar.** Note the following:

	With **ser**	With **estar**
aburrido	boring	bored
cansado	tiresome	tired
divertido	amusing, funny	amused
enfermo	sickly	sick
listo	sharp, shrewd, clever	ready
triste	dull	sad
vivo	lively, alert	alive

11. Complete the following sentences with the appropriate form of **ser** or **estar** according to the meaning conveyed.

  1. Yo _____ muy aburrido. Quiero hacer algo distinto.
  2. Ellos _____ muy divertidos. Siempre nos hacen reír.
  3. El niño _____ muy divertido con sus juguetes.
  4. El _____ triste. Nunca dice nada de interés.
  5. No, no _____ muerto; _____ vivo.

6. Tiene ochenta años y el viejo _____ muy vivo.
7. Después de tanto trabajo, yo _____ cansado.
8. El _____ muy listo. El sabrá lo que debes hacer.

PASSIVE VOICE

The verb **ser** is used with passive voice (see Chapter 3). However, the verb **estar** is used with a past participle in order to show the result of an action.

El libro está bien escrito.

12. Complete the following sentences.

1. El mejor novelista lo escribió. La novela _____ bien escrita.
2. El se vistió con cuidado. _____ muy bien vestido.
3. ¿Por qué _____ cerradas las ventanas? ¿Quién las cerró?
4. La tienda _____ abierta.
5. El lo resolvió. El problema _____ resuelto.

REVIEW

13. Complete the following sentences with the correct form of **ser** or **estar**.

1. Madrid _____ la capital de España.
2. La capital _____ en el centro del país.
3. La fiesta _____ el ocho de julio en el restaurante Luna.
4. El restaurante _____ en la calle San Martín.
5. Las flores que _____ en la mesa _____ de nuestro jardín.
6. El agua _____ muy fría hoy.
7. Esta comida _____ riquísima. Tiene muy buen sabor.
8. Y además la comida _____ muy buena para la salud.
9. ¡Qué guapo _____ Carlos vestido de frac!
10. Aquel señor _____ ciego.
11. Yo _____ ciego con tantas luces.
12. Todos estos productos _____ de Andalucía.
13. Aquel chico _____ de San Juan pero ahora _____ en Caracas.
14. La conferencia _____ aburrida y yo _____ aburrido.
15. La corrida _____ en la Real Maestranza.
16. La plaza de toros _____ en las afueras de la ciudad.
17. La nieve _____ blanca.
18. El _____ una persona muy tranquila, pero hoy _____ muy nervioso.
19. Su padre _____ muerto.
20. La escuela _____ cerrada durante el verano.

14. Complete the following sentences with the correct form of **ser** or **estar**.

1. Tienes que comer más verduras. Las verduras tienen muchas vitaminas y _____ muy buenas para la salud.
2. ¡Qué deliciosas! ¿Dónde compraste estas verduras? _____ muy buenas.
3. El _____ tan aburrido que cada vez que empieza a hablar todo el mundo se duerme.

4. El pobre Carlos toma mucho. Siempre está bebiendo. No me gusta decirlo pero la verdad es que él _____ borracho.

5. El pobre Tadeo _____ enfermo hoy. Anoche fue a una fiesta y tomó demasiado. El _____ un poco borracho. Creo que hoy está sufriendo de una resaca.

6. No, no está enferma. Es su color. Ella _____ muy pálida.

7. No sé lo que le pasa a la pobre Marta. Tiene que estar enferma porque _____ muy pálida hoy.

8. No, no se murió el padre de Carlota. El _____ vivo.

9. El _____ muy vivo y divertido. A mí, como a todo el mundo, me gusta mucho estar con él.

10. El pobre Antonio _____ tan cansado que sólo quiere volver a casa para dormir un poquito.

11. ¿ _____ listos todos? Vamos a salir en cinco minutos.

12. Ella _____ muy lista. Ella sabe exactamente lo que está haciendo y te aseguro que lo está haciendo a propósito.

Chapter 8

Por and *Para*

The prepositions **por** and **para** have very specific uses in Spanish. **Por** has many different uses and therefore poses the most problems. **Para** is usually associated with either destination or limitation.

The preposition **para** is used to indicate destination or purpose.

El barco salió para España.	*The ship left for Spain.*
Este regalo es para María.	*This gift is for Mary.*
Estudia para abogado.	*He studies (to be) a lawyer.*

The preposition **por** is used to indicate through or along.

Viajaron por España.	*They traveled through Spain.*
El barco pasó por las orillas.	*The ship passed by the shores.*
El ladrón entró por la ventana.	*The thief entered through the window.*

Por also has the meaning of *in behalf of, in favor of, instead of.* Note the difference in the following sentences.

Compré el regalo para María.	*I bought the gift for Mary. (In other words, I am going to give the gift to Mary.)*
Compré el regalo por María.	*I bought the gift for Mary. (The gift is for another person but Mary could not go to buy it so I went for her.)*

The preposition **por** is used after the verbs **ir,** (*to go*), **mandar** (*to send*), **volver** (*to return*), **venir** (*to come*), etc., in order to show the reason for the errand.

El niño fue por agua.	*The boy went for water.*
Vino por el médico.	*He came for the doctor.*

1. Complete the following sentences with **por** or **para.**

    1. El avión sale _____ San Juan.
    2. Ellos han pasado _____ aquí.
    3. El va a la plaza _____ agua.
    4. Compré esta falda _____ Elena. Se la voy a dar mañana.
    5. El entró _____ aquella puerta.
    6. ¿ _____ quién es este libro?
    7. Queremos viajar _____ Chile.
    8. Ellos vendrán _____ ayuda.
    9. El periódico es _____ papá.
  10. Ella lo hará _____ María si ella no lo puede hacer.
  11. Los turistas andaban _____ toda la ciudad.
  12. Ellos salieron _____ las montañas.
  13. El joven volvió _____ dinero.
  14. Tienes que salir _____ el médico.
  15. Yo fui de compras _____ mi madre porque ella estaba enferma.
  16. He comprado un billete _____ el baile.
  17. Esta caja es _____ los papeles.
  18. El estudia _____ médico.
  19. Votamos _____ él.
  20. Ella compró el regalo _____ mí pero yo lo quería _____ Roberto.

The preposition **para** is used to express time limit.

    Lo quiero para mañana.   *I want it by tomorrow.*

Por is used to express a period of time.

    Los árabes estuvieron en España   *The Arabs were in Spain for eight centuries.*
    por ocho siglos.

Por is also used to express an indefinite time or place.

    Estarán aquí por diciembre.   *They will be here around December.*
    Las llaves tienen que estar por aquí.   *The keys have to be around here.*

2. Complete the following with **por** or **para.**

    1. No estaré en la ciudad _____ dos meses.
    2. Tienen que estar aquí _____ el día 25.
    3. ¿_____ cuánto tiempo estarán Uds. aquí?
    4. _____ primavera llegarán.
    5. Tengo que hacerlo _____ mañana.
    6. ¿Estará _____ aquí la casa del señor González?
    7. Mi padre estuvo enfermo _____ un año.
    8. _____ ahora, no me falta nada.
    9. Ud. lo verá _____ aquí. No hay duda.
  10. ¿_____ cuándo lo necesita Ud.?

When followed by an infinitive, **para** means *in order to*.

    Necesito gafas para leer.   *I need glasses in order to read.*

When **por** is followed by an infinitive, it expresses what remains to be done.

    Queda mucho por hacer.   *There remains much to be done.*

3. Complete the following sentences with **por** or **para**.

    1. Quiero ir a mi alcoba _____ dormir.
    2. Queda la mitad de la novela _____ leer.
    3. Tiene que trabajar _____ ganarse la vida.
    4. El puente está _____ construir.
    5. No dejó nada _____ decir.
    6. Quiere ir allí _____ hablar con el director.

The expression **estar para** means *to be about to* or *to be ready to*.

    Estamos para salir.   *We are ready to leave.*
    Está para llover.   *It's about to rain.*

The expression **estar por** means *to be inclined to, to be in the mood*.

    Estoy por salir.   *I'm in the mood to leave.*
    Están por divertirse.   *They're in the mood to have a good time.*

4. Complete the following sentences with **por** or **para**.

    1. Está _____ nevar.
    2. El está _____ reñir.
    3. Estamos listos _____ salir. Vámonos.
    4. Hace mucho tiempo que estoy aquí en casa; estoy _____ salir.

Para is used to express a comparison of inequality.

    Para cubano, habla muy bien el inglés.   *For a Cuban, he speaks English very well.*

Por is used to express manner or means or motive.

    Conducía a la niña por la mano.   *He was leading the child by the hand.*
    La carta llegó por correo.   *The letter arrived by mail.*
    Lucha por la libertad.   *He is fighting for freedom.*

Por is used to express *in exchange for*.

    El me dio cien dólares por el trabajo.   *He gave me a hundred dollars for the work.*
    Cambié mi coche por otro nuevo.   *I changed my car for another new one.*

Por is used to express opinion or estimation.

Lo tomó por intelectual.	*He took him for an intellectual.*
Pasa por nativo.	*He passes as (for) a native.*

Por is used to indicate measure or number.

Lo venden por docenas.	*They sell it by dozens.*
Vuela a quinientas millas por hora.	*It flies at 500 miles an hour.*

5. Complete the following with **por** or **para**.

1. Yo lo tomé _____ abogado pero es médico.
2. _____ extranjero, conoce muy bien nuestra ciudad.
3. Ellos luchan _____ su ideal.
4. Quiere vender la casa _____ cincuenta mil.
5. ¿Cuánto pagó Ud. _____ el cuadro?
6. Yo te doy este libro _____ el tuyo.
7. El no lo hará _____ miedo de las consecuencias.
8. Yo lo voy a mandar _____ avión.
9. _____ niño, es muy inteligente.
10. El lo vende _____ docenas.

REVIEW

6. Complete the following sentences with **por** or **para**.

1. Hoy salgo _____ París.
2. ¿Por qué no damos un paseo _____ el centro?
3. Si yo no voy, ¿quién irá _____ mí?
4. El me dio veinte pesos _____ un dólar.
5. _____ rico, no es generoso.
6. Estamos en Bogotá _____ ocho días.
7. Yo lo necesito _____ el siete de julio.
8. Ellos estarán aquí _____ abril.
9. La ciudad fue destruída _____ el terremoto.
10. Este telegrama es _____ Carmen.
11. El luchó _____ su patria.
12. _____ extranjero, habla muy bien nuestro idioma.
13. Me queda mucho _____ hacer.
14. Asisto a la universidad _____ estudiar y aprender algo.
15. Oímos los anuncios _____ radio.

Chapter 9

Special Uses of Certain Verbs

Acabar

The verb **acabar** means *to finish* and is synonymous with the verb **terminar.**

> **Ellos acabaron (terminaron) ayer.**

The expression **acabar de** means *to have just*. This expression is used in two tenses only: the present and the imperfect.

> **Acaban de llegar.**   *They just arrived.*
> **Acababan de llegar cuando salimos.**   *They had just arrived when we left.*

The expression **acabar por** means *to end up*.

> **Yo acabé por creerlo.**   *I ended up believing it.*

1. Complete the following sentences with the appropriate form of the present tense of **acabar de.**

1. Yo _____ cantar aquella canción.
2. Ellos _____ publicar el libro.
3. Nosotros _____ volver de España.
4. (Tú) _____ comer.

2. Complete the following sentences with the appropriate preposition, if any is necessary.

1. Yo acabé _____ a las ocho.
2. Yo acabo _____ llegar.
3. Todos nosotros acabamos _____ aceptar sus consejos.
4. Yo sé que ellos acabaron _____ creerlo.
5. El acababa _____ llegar cuando los otros salieron.

Acordarse de, Recordar

The verbs **acordarse de** and **recordar** both mean *to remember* and they can be used interchangeably.

163

No recuerdo nada.
No me acuerdo de nada.

3. Rewrite the following sentences substituting **recordar** with **acordarse de.**

    1. No recuerdo la fecha.
    2. No recordamos los detalles.
    3. No puedo recordar su apellido.
    4. ¿No recuerdan Uds. aquel episodio?
    5. No recuerdan lo que dijimos.

Andar, Ir, Irse

The verb **andar** means *to go* as does the verb **ir. Andar** applies to the motion of inanimate objects and animals. It can also be used with people when no idea of destination is expressed in the sentence.

El perro anda por aquí.
¿Qué ha pasado? Mi reloj no anda.
Aquel señor anda sin zapatos.
Los turistas andan por el parque.

Ir means to go to a particular destination, in a specific direction or for a definite purpose.

Vamos a España.
Tienes que ir a la izquierda.
Ellos van por ayuda.

Irse means *to go away*. It is usually used alone but you will sometimes hear it used with a destination with the preposition **a,** but more commonly **para.**

Nos vamos ahora.
Me voy. Adiós.
Ya se van para Extremadura.

Two useful expressions are **¡Vámonos!** which means *Let's go!* The other is **ya voy** which actually means *I'm coming.*

4. Complete the following sentences with the correct form of the present of **andar, ir,** or **irse.**

    1. Ellos _____ a Puerto Rico.
    2. Ellos _____ en seguida.
    3. Ellos _____ por la ciudad.
    4. El carro no _____ .
    5. Nosotros _____ ahora.
    6. ¿ _____ tú en busca de ayuda?
    7. Ella _____ con mucho garbo (*grace*).
    8. Yo _____ a casa de Juan.
    9. Ya es la hora de salir. _____ !
   10. «¿Vienes, Roberto?» Sí, sí, ya _____ .

Cuidar, Cuidarse

The verb **cuidar** can be followed by either the preposition **a** or **de** and it means *to care for* or *to take care of.*

El cuida de (a) los niños.

The reflexive form **cuidarse** means *to take care of oneself*.

> **Él se cuida bien.**

Cuidarse de means *to care about*.

> **El no se cuida de mi opinión. No le importa nada.**

5. Complete the following sentences with **cuidar** or **cuidarse**.

   1. Pablo siempre _____ Marianela.
   2. El muchacho no _____ bien. Por eso siempre está enfermo.
   3. Te aseguro que él no _____ lo que decimos.
   4. Los enfermeros _____ los enfermos.

Dar

The verb **dar**, *to give*, is used in many useful expressions. **Dar un paseo** means *to take a walk*.

> **Vamos a dar un paseo por el parque.**

Dar a means *to face*.

> **El tiene un cuarto que da al mar.**

The expression **dar a entender** means *to lead or give one to understand*.

> **El me dio a entender que él aceptaría la posición.**

Dar con means *to run into someone unexpectedly*.

> **Dí con mi mejor amigo en la calle.**

Dar de is used in expressions such as *to give someone something to drink or to eat*.

> **Ella dio de beber al niño.**
> **Tengo que dar de comer al perro.**

Dar por means *to consider*.

> **Ellos me dieron por muerto.**

6. Complete the following sentences with the correct expression using **dar**.

   1. El me _____ un regalo.
   2. Yo lo _____ perdido.
   3. Tengo un cuarto muy bonito que _____ la calle.
   4. El _____ el ladrón al volver a casa.
   5. El me _____ entender que estaría aquí a las ocho.
   6. Nosotros tenemos ganas de _____ un paseo por el bosque.

The verb **dar** is also used in the expression **dar las** which means *to strike* when referring to time.

> **Dieron las cuatro.**   *It struck four.*

¿Qué más da? means *What difference does it make?* **Me da lo mismo** or **Me da igual** means *It's all the same to me.*

7. Give an equivalent expression for the following, using the verb **dar**.

   1. Son las cinco.
   2. ¿Cuál es la diferencia?
   3. No me importa.

Dejar

Dejar means *to leave* in the sense of *to leave something behind*.

¡Ay, Diós! Dejé el paquete en el autobús.

The expression **dejar de** means *to fail or to stop*.

El dejó de hacerlo.	*He failed to do it.*
El dejó de fumar.	*He stopped smoking.*

8. Complete the following sentences with the correct form of the preterite of the verb **dejar** or the expression **dejar de**.

1. Yo _____ el libro en clase.
2. Niño, ¿dónde _____ tus juguetes?
3. Nosotros _____ los boletos en casa.
4. No sé dónde _____ el paquete.
5. El _____ fumar el primero de enero.
6. Yo no _____ leer la novela porque todos me dijeron que era muy buena.

Hacer

The verb **hacer** is used to express weather expressions.

Hace buen tiempo.
Hace frío en el invierno.
Pero ahora está haciendo mucho calor.

9. Complete the following sentences with the verb **hacer**.

1. _____ buen tiempo. No _____ mal tiempo.
2. _____ viento en marzo.
3. _____ frío en invierno.
4. _____ calor en verano.
5. _____ fresco aquí
6. _____ mucho sol en el sur.

Hacerse, Llegar a ser, Ponerse, Volverse

The expressions **hacerse, llegar a ser, ponerse,** and **volverse** all mean *to become*. Each one, however, has a slightly different usage. **Hacerse** means *to become something after making a certain effort.*

Roberto se hizo abogado.

Llegar a ser means *to become something after expending a great deal of effort.*

Llegó a ser presidente de la compañía.

Ponerse means *to become something involuntarily, not purposely.*

Ella se puso roja.
El se puso gordo.

Volverse means *to become something which is completely unexpected or a complete reversal.*

El pobre señor se volvió loco.
Se volvieron republicanos.

10. Complete the following sentences with the appropriate expression *to become*.

    1. Carlos fue a la universidad y despúes _____ abogado.
    2. El doctor González _____ director del hospital.
    3. Mi padre _____ enfermo.
    4. Con tantos problemas el viejo _____ loco.
    5. El _____ médico.
    6. Ella _____ comunista.
    7. La hija de los González _____ monja.
    8. La señora _____ muy contenta al recibir la noticia.

Jugar, Tocar

The verb **jugar** means *to play* in the sense to play a game or a sport. Note that the verb **jugar** can be followed by the preposition **a** with sports. The preposition *a* is always used in Spain, but is omitted in many areas of Latin America.

    El juega muy bien (al) fútbol.
    Los niños están jugando en el jardín.

The verb **jugar** can also mean *to gamble*.

    El juega mucho y siempre pierde.

The verb **tocar** means *to play* a musical instrument.

    Ella toca el piano.

11. Complete the following sentences with the appropriate form of **jugar** or **tocar**.

    1. El _____ muy bien el piano.
    2. Los niños _____ con el perro.
    3. Nosotros nunca _____ en el casino.
    4. El va a _____ el violín en el concierto.
    5. Los chicos _____ fútbol.
    6. Ella quiere _____ con el equipo.

Pensar en, Pensar de

Pensar en and **pensar de** both mean *to think about*. **Pensar en** means to be more deeply involved in thought than does **pensar de. Pensar de** can also refer to an opinion.

    El está pensando en el asunto.   *He is thinking about the situation. (He is deeply involved in thought about the situation.)*

    ¿Qué piensas del asunto?   *What do you think about the situation? (What's your opinion?)*

12. Complete the following sentences with the preposition **de** or **en**.

    1. Dime, Pepe. ¿Qué piensas _____ plan? ¿Qué opinas?
    2. El siempre piensa _____ sus hijos.
    3. ¿Qué piensas _____ curso? ¿Lo vas a seguir?
    4. Ellos tienen que pensar _____ sus muchos problemas.
    5. No quiero pensar _____ el episodio.

Poner

The verb **poner** literally means *to put* or *to place*. It can also mean *to turn on*.

Quiero poner la radio.

Ponerse means *to become* (see page 66) or *to put on clothing*.

El se puso la chaqueta.

Ponerse a means *to begin* or *to start*.

Ellos se pusieron a reír.

13. Complete the following sentences with the correct expression using the verb **poner.**

    1. ¿Por qué no _____ tú los boletos allí?
    2. El _____ hablar cuando alguien lo interrumpió.
    3. ¿Por qué no _____ tú la televisión si quieres ver las noticias?
    4. Ella _____ un suéter porque tenía frío.

Quedar

The verb **quedar** means *to remain* or *to stay*.

¿Cuánto tiempo quedaron ellos en España?

Quedar can also mean *to be* in the sense of *to be located*.

¿Dónde queda la biblioteca?

Quedar can also mean *to be left*.

Ahora me quedan sólo dos.

Quedarse can mean *to stay* in the sense of *to keep* or *to lodge*.

Vamos a salir de la carretera. Quédese en el carril derecho.
Quédese con las llaves.
Nos quedamos en aquel hotel.

Quedar en means *to agree on something*.

Ellos han quedado en reunirse de nuevo mañana.

14. Complete the following sentences with the correct expression using the verb **quedar.**

    1. Perdón. ¿Sabe Ud. dónde _____ el Museo de Bellas Artes?
    2. Vamos a _____ en Madrid unos ocho días.
    3. _____ Ud. con el libro. No me hace falta.
    4. Luego nosotros _____ vernos otra vez mañana. ¿A qué hora?
    5. Después de pagar el peaje, tiene que _____ en el carril derecho porque van a salir en la próxima salida.

Saber, Conocer

Saber and **conocer** both mean *to know*. **Saber** means *to know a fact, a reason, or a learning discipline*.

El sabe los resultados.
El sabe matemáticas.

Conocer is used with more complex things such as a person, a country, literature.

Conozco a Juan.
Conocemos la literatura española.

15. Complete the following with the appropriate form of **saber** or **conocer**.

    1. Nosotros _____ a Roberto.
    2. Yo _____ que él tiene razón.
    3. Ellos no _____ los detalles.
    4. Yo no _____ a España.
    5. ¿ _____ Ud. la hora?
    6. El _____ el álgebra.
    7. ¿Ella _____ la literatura mexicana?
    8. ¿ _____ Ud. el camino? Sí, y yo _____ que está en malas
       condiciones.

The expression **saber a** means *to taste* like (have the flavor of).

No me gusta. Sabe a vinagre.

16. Complete the following sentences with the expression **saber a.**

    1. Esa verdura _____ menta.
    2. Este vino _____ vinagre. Debe de estar muy viejo.

Servir para, Servir de, Servirse de

Servir para and **servir de** mean *to be of use as* or *to serve as.*

Esto sirve para abrir botellas.
La verdad es que esto no sirve para nada.
El nos sirve de guía.

Servirse de means *to make use of.*

El se sirve de eso para abrir botellas.

The expression **sírvase** is a polite way of saying *please.*

Sírvase usar este plato.

17. Complete the following sentences with the appropriate expression using the verb **servir.**

    1. Este papel _____ escribir.
    2. Esto no _____ nada.
    3. El lazarillo _____ guía para el ciego.
    4. El paraguas le _____ bastón.
    5. El niño nunca _____ tenedor para comer.
    6. _____ leer las instrucciones antes de usar la máquina.

Tener

The verb **tener** is used with many common expressions such as hunger, thirst, etc., for which English uses the verb *to be.*

Tengo hambre.
Tengo sed.

18. Complete the following sentences with the appropriate form of the verb **tener.**

1. Nosotros _____ hambre.
2. El _____ sueño.
3. Yo no _____ sed.
4. El niño _____ calor.
5. Nosotros _____ frío.
6. ¿Por qué no _____ Uds. más paciencia?

The verb **tener** is also used in several very useful expressions. **Tener que** means *to have to.*

Tengo que salir ahora.

Tener que ver means *to have to do with someone or something.*

Eso no tiene nada que ver con el proyecto (conmigo).

¿Qué tiene(s)? means *What's the matter?*

¿Que tiene él? Me parece que está muy nervioso.

Aquí tiene means *Here is* when handing someone something.

Aquí tiene Ud. el libro que me pidió.

19. Complete the following sentences with the correct expression using the verb **tener.**

1. _____ trabajar para ganarme la vida.
2. ¿ _____ ? Me parece que no está contento.
3. Nosotros _____ resolver el problema.
4. ¿Por qué? El problema no _____ con nosotros.
5. ¿No? Pues, _____ la carta que acabo de recibir. Léela.

Volver, Devolver, Envolver

The verb **volver** means *to return* from somewhere.

Yo vuelvo de Madrid.
Ellos vuelven a las ocho.

Devolver means *to return* in the sense *to give back.*

El me devolvió el dinero que me debió.

Envolver means *to wrap.*

Envolvieron el paquete.

20. Complete the following sentences with the appropriate form of **volver, devolver,** or **envolver.**

1. Ellos _____ de sus vacaciones.
2. ¿Cuándo me _____ tú el dinero?
3. La señora _____ el paquete antes de mandarlo.
4. Yo _____ en tren.
5. ¿Por qué no lo _____ tú en papel?
6. Juan me _____ mi libro.
7. Nosotros _____ mañana.
8. El _____ de Europa.

The verb **volver** is used in two useful expressions. **Volver a** means *to do again* or *to repeat the action of the infinitive*.

El vuelve a leer el libro.   *He reads the book again.*

Volver en sí means *to come to*.

El se desmayó pero volvió en sí en la ambulancia.

21. Rewrite the following sentences according to the model.

El lo dice otra vez. → El lo vuelve a decir.

1. Ellos leen la novela otra vez.
2. Ella da la conferencia otra vez.
3. El manda el telegrama otra vez.
4. No lo vemos otra vez.
5. Ellos nos visitan otra vez.

22. Rewrite the following sentences in Spanish.

1. He fainted, but he came to immediately.
2. I passed out after the accident. I came to in the ambulance.

Answers to Exercises

Chapter 1

1. 1. o
    2. a
    3. o
    4. o
    5. a
    6. a
    7. o
    8. o
    9. a
    10. a

2. 1. la, el, las, la
    2. la, la
    3. el, la, la
    4. el, la, el, la, la
    5. la, el, la, la
    6. el, la, la
    7. la, el, el
    8. la, la, el
    9. la, la, el, el, la, la
    10. la, la, la, la
    11. el, la, el, el
    12. el, el, la, el, el, la, la, la

3. 1. los, las, los, las
    2. los, las, las, los, los, los
    3. los, las, los, las
    4. los, los, los, los
    5. los, las, las, las

4. 1. Las montañas son altas.
    2. Los amigos son simpáticos.
    3. Las comidas son buenas.
    4. Los mercados son antiguos.
    5. Las señoras son conocidas.
    6. Las familias son ricas.
    7. Los museos son fabulosas.
    8. Los cuartos son pequeños.
    9. Las tiendas son nuevas.
    10. Los campos son inmensos.

5. *All answers are* la.

6. 1. Las canciones
    2. Las universidades
    3. Las condiciones
    4. Las naciones
    5. Las sociedades

7. *All answers are* el.

8. 1. El arma es peligrosa.
    2. El hada es ficticia.
    3. El área es enorme.
    4. El ala es larga.
    5. El águila es linda.
    6. El ama de casa es trabajadora.
    7. El agua está clara.
    8. El alma está triste.

9. 1. el
    2. el
    3. el
    4. el
    5. el, el
    6. el
    7. los

10. 1. la novelista
    2. el dentista
    3. el periodista
    4. el derechista
    5. la izquierdista
    6. el artista

11. 1. El aceite es importante en España.
    2. No, el coche es viejo.
    3. El equipaje está en el andén.
    4. El desastre fue en 1910.
    5. El príncipe está bien.
    6. El postre está en la mesa.
    7. El paquete es para Enrique.
    8. El fútbol es el deporte más popular.
    9. No, el viaje es corto.
    10. No, el paisaje es bonito.
    11. El cine está en la esquina.
    12. El pasaje cuesta cien dólares.
    13. No, el parque es pequeño.
    14. El baile comienza a las diez.

12. 1. la
    2. la
    3. las
    4. la
    5. la
    6. la
    7. la
    8. la
    9. la
    10. la

13. 1. el, la
    2. el
    3. la, el
    4. la, el
    5. la, la
    6. la, el, la
    7. el, el
    8. el, el, el

14. 1. Los coches son modernos.
    2. Los viajes son cortos.
    3. Los restaurantes son elegantes.
    4. Los paquetes son pequeños.
    5. Las naves son grandes.
    6. Las calles son anchas.
    7. Los parques son bonitos.

8. Las carnes son buenas.
9. Los puentes son estrechos.
10. Las fuentes son bonitas.
11. Los cines son nuevos.
12. Los bosques son grandes.

15. 1. la
2. las
3. la
4. las
5. la

16. 1. el
2. la
3. la
4. el
5. la
6. la
7. el
8. el
9. la
10. el
11. las
12. la
13. el
14. el
15. la
16. el

17. *All answers are* el.

18. 1. el limpiabotas
2. el lavaplatos
3. el paraguas
4. el abrelatas
5. el tocadiscos

19. 1. el vasito
2. la casita
3. el pajarito
4. la perrita
5. el platito
6. la amiguita
7. la botellita
8. la abuelita

20. 1. el cochecito
2. el cafecito
3. el lechoncito
4. el parquecito
5. el limoncito
6. el ratoncito

21. 1. una
2. un
3. una
4. un
5. una
6. un, un
7. una
8. un, un
9. una
10. un

22. 1. una
2. un
3. un
4. una
5. una, una
6. un, una
7. una
8. una
9. una
10. un

23. 1. un
2. un
3. un
4. un

24. 1. los, los, los, los
2. los, la, la, las, las
3. el, la
4. las, los
5. la, la
6. los, los, los
7. el, la

25. el, *nothing*, la, *nothing*, el, *nothing*

26. 1. el or *nothing*
2. *nothing*
3. el
4. *nothing*
5. el
6. *nothing*

27. 1. *nothing*
2. los
3. el
4. la
5. los
6. el or *nothing*
7. los
8. el

28. 1. Tengo clases los lunes, los martes, los miércoles, los jueves y los viernes.
2. Mi día favorito es _____ (*day without article*).
3. Hoy es _____ (*day without article*).
4. Mañana es _____ (*day without article*).
5. Yo voy de compras _____ (*day without either* el *or* los).
6. Los días laborables son lunes, martes, miércoles, jueves y viernes.
7. Los días del fin de semana son sábado y domingo.

29. 1. las manos
2. los dientes
3. las manos
4. los dientes
5. la chaqueta (el suéter)
6. la chaqueta (el suéter)

30. 1. 120 córdobas la docena
2. 7 australes el racimo
3. 500 pesos el kilo
4. 125 pesetas la botella
5. 1 quetzal el rollo

31. 1. a las
2. de la
3. a la
4. del
5. al
6. de la
7. del
8. al
9. del
10. del

32. 1. un
2. *nothing*
3. *nothing*
4. un
5. *nothing*
6. un
7. *nothing*
8. un
9. un
10. *nothing*
11. una
12. un

33. 1. a
2. *nothing*
3. al
4. *nothing*

5. *nothing*   7. *nothing*
6. a   8. a

34. 1. el   10. los
     2. la, la   11. la, la, la
     3. las, la   12. el
     4. el, el, la   13. el
     5. el, el   14. el, los, el
     6. la   15. la
     7. los   16. el, la
     8. el   17. las
     9. las, el, la   18. la, los

35. 1. ista   5. ión, ción
     2. a   6. e, e
     3. dad, dades   7. ista
     4. o   8. a, a

36. 1. el niñito   5. el cafecito
     2. el cochecito   6. la cucharita
     3. la casita   7. el parquecito
     4. el ratoncito   8. el granito

37. 1. Las cantidades son enormes.
     2. Las hadas son ficticias.
     3. Las ciudades son bonitas.
     4. Las fotos son bonitas.
     5. Los coches son modernos.
     6. Las casas son bonitas.
     7. Los edificios son altos.
     8. Los presidentes son viejos.
     9. Las amistades son importantes.
    10. Las civilizaciones son antiguas.

38. 1. los   7. *nothing*
     2. el, un   8. el, un
     3. el, un   9. los
     4. la   10. el, *nothing, nothing*
     5. el   11. el, *nothing*
     6. *nothing*   12. las

Chapter 2

1.   1. cara, barata
     2. estrechas, anchas
     3. bueno, malo
     4. deliciosa
     5. delgados
     6. corto
     7. modernos, antiguos
     8. blanca, amarilla
     9. altos, gordos
    10. bonita
    11. limpia, sucia
    12. guapo, feo
    13. rojas, negras
    14. pequeña
    15. cómodas

2. Juanita es una muchacha alta. No es gorda pero tampoco es delgada. Es una muchacha bastante guapa. Es rubia. Ella es una alumna buena. Es bastante estudiosa. Y es también muy aficionada a los deportes. Es muy atlética.

3.   1. verdes   6. humilde
     2. grande   7. triste
     3. impresionantes   8. interesante
     4. pobres   9. excelentes
     5. inteligentes   10. fuerte

4. elegante, enormes, impresionante, grande, verdes, fuerte, grande, elegante, humilde, humildes, pobres, pobres, deprimentes

5.   1. Las lecciones son fáciles.
     2. Los campos son fértiles.
     3. Las nubes son grises.
     4. Los deportes son populares.
     5. Las profesoras son jóvenes.

6.   1. azul   6. fáciles
     2. fértiles   7. azul, gris
     3. joven   8. feliz
     4. fatales   9. populares
     5. tropical   10. militar

7. joven, feliz, azules, popular, populares, tropical, fuerte, azul, grises

8.   1. americana   6. griegas
     2. panameños   7. peruano
     3. italiano   8. puertorriqueña
     4. cubana   9. escandinavos
     5. suizos   10. americanas

9.   1. alemán   6. portugueses
     2. francesas   7. japonesas
     3. ingleses   8. españoles
     4. irlandesa   9. franceses
     5. catalana   10. alemanas

10. 1. Sí, María es panameña.
     2. Sí, los amigos son irlandeses.
     3. Sí, las estatuas son españoles.
     4. Sí, Carlos es alemán.
     5. Sí, el café es colombiano.
     6. Sí, los médicos son mexicanos.
     7. Sí, la chica es inglesa.
     8. Sí, los vinos son franceses.

11. 1. holgazana   5. hablador
     2. holgazán   6. habladoras
     3. holgazanes   7. habladores
     4. holgazana   8. habladora

12. 1. encantador
     2. holgazanes
     3. trabajadora
     4. superiora, mejor, superior

13. 1. tercera 8. malas
    2. buen 9. gran
    3. ningún 10. alguna
    4. buenas 11. primer
    5. tercer 12. gran
    6. ninguna 13. cien
    7. buena 14. cien

14. gran, primer, cien, tercera, mal, ningún

15. 1. beige
    2. beige, marrón
    3. azul claro, vino
    4. rosa vivo
    5. azul claro
    6. azul claro, azul marino
    7. negros
    8. marrón (*or* marrones)

16. *All answers are* más...que.

17. 1. Teresa es más alta que su hermana.
    2. Carlos tiene más dinero que Paco.
    3. Esta casa es más grande que la otra.
    4. Rhode Island es más pequeño que Texas.
    5. Isabel es más rica que su prima.

18. 1. más de 4. más de
    2. más que 5. más que
    3. más de

19. 1. la, más, de
    2. la, más, de
    3. el, más, de
    4. los, más, de
    5. el, más, de
    6. el, más, del
    7. los, más, de
    8. la, más, de
    9. el, más, de
    10. la, más, de

20. 1. Barcelona es el puerto más importante de España.
    2. Madrid tiene más habitantes que Barcelona.
    3. Los Pirineos son las montañas más altas de España.
    4. El río Tajo es más largo que el río Guadalquivir.
    5. Andalucía es más grande que Asturias.

21. 1. mejor que, el mejor de
    2. peor que, la peor de
    3. mayor que, la mayor de
    4. menor que, el menor de

22. 1. menor que
    2. el menor de

    3. los mejores de
    4. peor que
    5. las menores de
    6. mayor que
    7. mejores que
    8. el peor

23. 1. dificilísimo
    2. generosísimo
    3. popularísima
    4. feísimos
    5. riquísima
    6. antiquísima
    7. liberalísima
    8. pobrísima

24. *All answers are* tan...como.

25. 1. tantos, como 4. tantos, como
    2. tanto, como 5. tantas, como
    3. tantas, como 6. tanto, como

26. 1. El niño tiene tanto helado como la niña.
    2. El escribió tantas novelas como su amigo.
    3. Tomás lee tantos libros como Enrique.
    4. Esta señora gana tanto dinero como la otra señora.
    5. Yo recibo tantas cartas como María.
    6. Hay tantos cuchillos en la mesa como cucharas.
    7. María compra tantos vestidos como Carmen.
    8. El señor come tanta ensalada como la señora.

27. 1. siete
    2. catorce
    3. diecinueve
    4. veinte y cinco (veinticinco)
    5. treinta y tres
    6. cuarenta y siete
    7. cincuenta y dos
    8. sesenta y uno
    9. setenta y nueve
    10. ochenta y cuatro
    11. noventa y nueve
    12. ciento nueve
    13. ciento veintiséis
    14. quinientos veintinueve
    15. seiscientos treinta y cuatro
    16. setecientos once
    17. novecientos cincuenta y nueve
    18. dos mil
    19. mil ochocientos noventa y ocho
    20. mil novecientos cuarenta y dos
    21. un millón
    22. dos millones

28.
1. el alto
2. los inteligentes
3. la colombiana
4. los pobres
5. las famosas
6. los españoles
7. las alemanas
8. el joven
9. el pequeño
10. el viejo
11. la rubia
12. el delgado

29.
1. tu
2. tus
3. tu
4. tus
5. mi
6. mi
7. mis
8. mis
9. su
10. su
11. sus
12. su
13. sus
14. su
15. sus
16. nuestra
17. nuestros
18. nuestro

30.
1. Su libro está en la mesa.
2. Sus maletas están en el andén.
3. Su sombrero es nuevo.
4. Su ropa está sucia.
5. Sus billetes están aquí.

31.
1. Sí, tengo mi pasaporte.
2. Sí, tengo mi libro de español.
3. Sí, tengo mis cuadernos.
4. Sí, tengo mi cartera.
5. Sí, tenemos nuestros libros.
6. Sí, tenemos nuestras maletas.
7. Sí, visitamos a nuestra madre.
8. Sí, visitamos a nuestro padre.
9. Sí, ve a sus hijos.
10. Sí, ve a su hija.

32.
1. Aquel campo es verde.
2. Esta idea es muy buena.
3. Ese señor es de Andalucía.
4. Este coche es nuevo.
5. Aquella señora es profesora.
6. Aquel libro no está en la biblioteca.

33.
1. Aquellas señoras son dentistas.
2. Aquellos señores son periodistas.
3. Esos niños son inteligentes.
4. Estas casas son modernas.
5. Estos cuadros son interesantes.
6. Esas estatuas son griegas.

34.
1. este
2. estas
3. esta
4. estos
5. aquellos
6. aquella
7. aquel
8. aquellas
9. esa
10. esas
11. ese
12. esos

35.
1. ¡Qué novela!
2. ¡Qué vista más fabulosa!
3. ¡Qué idea más fantástica!
4. ¡Qué coche más grande!
5. ¡Tal viaje!
6. ¡Tal idea!
7. ¡Tal opinión!
8. ¡Qué ciudad más bonita!

36.
1. claramente
2. útilmente
3. divinamente
4. correctamente
5. fácilmente
6. horriblemente
7. estupendamente
8. constantemente
9. extremamente
10. admirablemente
11. difícilmente
12. fantásticamente
13. urgentemente
14. perfectamente
15. completamente

37.
1. bonita, moderna
2. grande, muchas
3. blancas
4. antiguo, tropicales
5. estupenda
6. fáciles, difíciles
7. aquel, lujosa, deliciosas
8. aquellos, alemanes
9. cubanas, españolas, sabrosas
10. aquellos, delgados, enfermos
11. fuertes
12. mis
13. estrechas, este, pintorescas
14. buen
15. esta, interesante, cien
16. gran, español
17. bonitas, oriental
18. amargo, dulce
19. inteligentes, buenas
20. mejores
21. hablador, holgazana
22. nuestros, españoles
23. azul claro, café
24. rosa
25. marrón (marrones), beige

38.
1. Estas novelas son mejores que las otras.
2. Los señores argentinos hablan de los grandes autores.
3. Estas señoras altas son inglesas.
4. Aquellos montes están cubiertos de nieve.
5. Estos chicos son más altos y fuertes que aquellos chicos.

6. Estas niñas son las menores de la
   familia.
7. Esos artículos son tan interesantes como
   los otros.
8. Los campos verdes están en las regiones
   occidentales.
39. 1. Juan es más alto que Roberto.
    2. Changhai es la ciudad más grande del
       mundo.
    3. Elena tiene tanto dinero como Roberto.
    4. Teresa es la más inteligente de la clase.
    5. El Misisipí es el río más largo de los
       Estados Unidos.
    6. Tulúa tiene tantos habitantes como
       Riobamba.
    7. Aquellos señores tienen la finca.
    8. Juan tiene tus (sus) libros.
    9. Sus fotografías están en la maleta.
    10. Teresa es tan bonita como Elena.

Chapter 3

1. 1. a   10. o
   2. a   11. o
   3. a   12. amos
   4. a   13. amos
   5. an   14. amos
   6. an   15. as
   7. an   16. as
   8. an   17. as
   9. o   18. as

2. 1. tomamos   9. llamo
   2. cenan   10. pasan
   3. esquías   11. trabajan
   4. trabajan   12. viaja
   5. miro   13. nado
   6. espera   14. pagas
   7. preparas   15. anuncian
   8. buscamos

3. 1. El mira el mapa de España.
   2. Ud. estudia mucho.
   3. Yo viajo en avión.
   4. El chico toma el almuerzo.
   5. Yo llamo por teléfono.

4. 1. Nosotros cantamos en el coro.
   2. Ellos pasan el verano aquí.
   3. Uds. nadan muy bien.
   4. Los señores ganan mucho dinero.
   5. Nosotros buscamos el periódico.

5. estudia, estudia, toma, prepara, termina,
   descansa, toma, habla, estudiamos, tomamos,
   paso, preparo, trabajo, trabajo, gano, paga,
   gano, compro, necesito, pago, pagan

6. 1. Estudio en la escuela _____ .
   2. Este año yo tomo _____ cursos.
   3. El (la) _____ enseña español.
   4. Sí, saco buenas notas en español.
   5. Sí, siempre hablo español en la clase de
      español.
   6. Preparo las lecciones en _____ .
   7. Sí, trabajo mucho.
   8. Trabajo en _____ .
   9. Sí, (no), (no) gano dinero.
   10. Gano _____ .
   11. Yo pago la matrícula. (*or*) Mis padres
       pagan la matrícula.
   12. Sí, paso mucho tiempo en la cantina de
       la escuela.
   13. Hablo con mis amigos en la cantina.
   14. Hablamos _____ .
   15. Sí, tomamos un refresco.
   16. Yo tomo _____ .
   17. Ellos toman _____ .

7. 1. Voy al mercado.
   2. Doy el dinero al empleado.
   3. Estoy en la universidad.
   4. Voy a España.
   5. Estoy bien.

8. 1. estamos   5. van
   2. dan   6. están
   3. voy   7. doy
   4. estás   8. va

9. 1. Carlos también va a las montañas.
   2. Nosotros también estamos bien.
   3. Yo también doy el dinero al padre.
   4. Yo también voy a pie.
   5. Los otros también están en el parque.
   6. Nosotros también vamos a España.

10. doy, está, está, estoy, voy, está, está, van

11. 1. e   6. o
    2. e   7. emos
    3. en   8. emos
    4. en   9. es
    5. o   10. en

12. 1. corren   7. ve
    2. comprende   8. prometo
    3. como   9. aprenden
    4. venden   10. comemos
    5. bebes   11. crees, lees
    6. leen   12. vende

13. 1. cree, comen, beben   creemos, come,
       bebe
    2. creo, comprenden ven, leen   crees,
       comprendo, veo, leo

14.
1. o
2. imos
3. en
4. es
5. imos
6. es
7. e
8. imos
9. en
10. imos

15.
1. abrimos
2. admite
3. sufrimos
4. viven
5. subimos
6. asisto
7. escribes
8. vivimos

16.
1. Sí, tú asistes a la ópera.
2. Sí, ellos sufren mucho.
3. Sí, yo discuto el problema.
4. Sí, Carlos recibe el regalo.
5. Sí, los viejos suben la escalera.
6. Sí, nosotros abrimos las maletas.
7. Sí, Ud. escribe la composición.
8. Sí, nosotros asistimos al concierto.
9. Sí, Uds. viven lejos de aquí.
10. Sí, yo recibo las noticias.

17. asistes
asisto, asistes
subo
subes
subo, sufro

18.
1. Pongo la mesa.
2. Salgo para España.
3. Hago el viaje.
4. Traigo refrescos.
5. Salgo a tiempo.
6. Hago mucho trabajo.
7. Pongo todo en orden.
8. Traigo el dinero.

19.
1. hacen
2. salgo
3. vale
4. haces
5. trae
6. hago
7. ponemos
8. salen
9. hace
10. traemos
11. pones
12. hacen
13. salimos
14. hace
15. salgo

20.
1. Nosotros salimos del puerto en el barco.
2. Ellos hacen un viaje en avión.
3. Yo pongo toda la ropa en la maleta.
4. Esta piedra vale mucho.
5. Yo hago mucho trabajo en la oficina.
6. Tú traes la cámara.
7. Uds. salen a la misma hora.
8. El mozo pone el equipaje en el tren.

21. hago, hace, hacemos, hago
pongo, salgo, salgo, pone, sale, salimos, sale
traes, traigo, sale, sale, valen, valgo

22.
1. Aparezco ahora.
2. Produzco mucho.
3. Conozco a Juan
4. Ofrezco más.
5. Traduzco el poema
6. Conduzco el coche.
7. Conozco la literatura.
8. Ofrezco un premio.

23.
1. conocen
2. producen
3. conduzco
4. traduces
5. ofrecemos
6. aparece
7. traduce
8. aparezco
9. produce
10. conocemos

24.
1. soy
2. es
3. son
4. eres
5. son
6. son
7. soy
8. somos
9. es
10. eres
11. es
12. soy

25.
1. Ella es médica.
2. Carlos es abogado.
3. Nosotros somos estudiantes.
4. Yo soy filósofo.
5. Ellos son dentistas.
6. Ellas son ingenieras.
7. Tú eres cirujano.

26. *Answers will vary.*

27.
1. sé
2. sabe
3. saben
4. sabemos
5. sé
6. sabe
7. saben
8. sabes
9. sé
10. sé

28.
1. empezamos
2. comenzamos
3. podemos
4. volvemos
5. queremos
6. envolvemos
7. cerramos
8. perdemos

29.
1. cierro
2. puede
3. despiertas
4. perdemos
5. piensa
6. devuelvo
7. piensan
8. vuelves
9. envuelve
10. almuerzan
11. encuentro
12. entiende
13. muestra
14. cuesta
15. recuerdan
16. juegas

30.
1. Entiendo el problema.
2. Juego al fútbol.
3. Defiendo la opinión.
4. Cuento.
5. Quiero salir.
6. Vuelvo pronto.
7. Empiezo ahora.
8. Puedo terminar.

31. 1. empieza
     2. juegan
     3. quiero
     4. cuestan
     5. pierden
     6. puede
     7. defiende
     8. devuelve
     9. vuelven
     10. empieza

32. 1. Yo tengo _____ años.
     2. Tengo _____ hermanos.
     3. Sí, tengo mucho trabajo.
     4. Sí, tengo bastante tiempo.
     5. Sí, tengo suficiente dinero.

33. 1. tiene
     2. tenemos
     3. tienen
     4. tiene
     5. tengo
     6. tiene
     7. tenemos
     8. tienen
     9. tienen
     10. tenemos
     11. tengo
     12. tiene
     13. tenemos
     14. tienen

34. 1. vengo
     2. venimos
     3. vienen
     4. viene
     5. vienes
     6. vienen
     7. vengo
     8. vienen
     9. viene
     10. vengo

35. 1. Preferimos salir.
     2. Nunca mentimos.
     3. Sentimos oír las malas noticias.
     4. Sugerimos otro remedio.
     5. Dormimos ocho horas.

36. 1. muere
     2. prefiero
     3. miente
     4. sugieres
     5. duermen
     6. sentimos
     7. prefiere
     8. duermo
     9. siento
     10. dormimos
     11. prefiere
     12. mienten

37. 1. Prefiero salir.
     2. Duermo muy bien.
     3. Lo siento mucho.
     4. ¿Por qué no lo sugiero?
     5. No miento nunca.

38. *Answers will vary but be sure to use the
     infinitive* (-ar, -er, -ir) *form.*

39. 1. Medimos la distancia.
     2. Repetimos la oración.
     3. Pedimos la cuenta.
     4. Sonreímos.
     5. Nunca reñimos con el jefe.
     6. Freímos el pollo.

40. 1. Despido al secretario.
     2. Impido el plan.
     3. Pido un favor.
     4. Sirvo la comida.
     5. No repito nada.

41. 1. riñe   6. ríe
     2. miden   7. impiden
     3. pido   8. freímos
     4. sirve   9. despiden
     5. repetimos   10. pides

42. 1. Ellos siguen el camino.
         sigue
         sigues
         seguimos
         sigo

     2. El policía persigue al criminal.
         persigo
         persiguen
         perseguimos
         persiguen
         persigues

     3. El sirve la comida.
         sirvo
         sirve
         servimos
         sirve
         sirves

     4. El repite la pregunta.
         repetimos
         repite
         repite
         repites
         repito

43. 1. pido
     2. pido
     3. fríe
     4. sirve
     5. sonríe
     6. pide
     7. pedimos
     8. sirve
     9. reímos, sirve
     10. seguimos

44. 1. digo   5. dicen
     2. dicen   6. dices
     3. dice   7. decimos
     4. decimos   8. digo

45. 1. Construimos una casa.
     2. Huimos de aquella situación.
     3. Incluimos todos los planes.
     4. No sustituimos nada.
     5. Oímos la música.

46. 1. Distribuyo las mercancías.
     2. Incluyo los detalles.
     3. Contribuyo una gran cantidad.
     4. Lo atribuyo al presidente.
     5. Oigo las noticias.

47. 1. contribuyen   5. incluyes
     2. distribuimos   6. oye
     3. oye   7. construyen
     4. huye   8. atribuyo

48. 1. Sí, oigo la conferencia.
     2. Sí, oigo la música.
     3. Sí, oigo las noticias.
     4. Sí, oigo lo que dice.

49. 1. conocemos   6. espero
     2. están   7. sale
     3. vives   8. habla
     4. trabajo   9. comemos
     5. estudian   10. construyen

50. 1. Hace ____ años que yo estudio español.
     2. Hace _____ años que yo estudio en esta
        escuela.
     3. Hace ____ años que yo vivo en la misma
        casa.
     4. Hace ____ años que yo vivo en la misma
        ciudad.
     5. Hace _____ generaciones que mi familia
        vive en los Estados Unidos.
     6. Hace _____ meses (años) que yo salgo
        con el (la) mismo(a) muchacho(a).
     7. Hace _____ que yo conozco a mi mejor
        amigo(a).

51. 1. Por poco pierdo el tren.
     2. Por poco pierdo la vida.
     3. Por poco duermo en el aeropuerto.
     4. Por poco paso la noche allí.

52. 1. conozco   13. oigo
     2. sirven   14. dice, cuesta
     3. vivimos   15. sabemos, juega
     4. hablamos   16. pongo, mando
     5. come   17. vengo, vas
     6. salgo   18. sé, dice
     7. hacen   19. vivimos
     8. prefiere   20. nadan
     9. pedimos   21. digo, sé, conozco
    10. construyen   22. pueden, quieren
    11. vuelves   23. repito, soy
    12. podemos   24. dice, sabe, están

53. 1. estamos
     2. llega
     3. sale
     4. muero
     5. como
     6. queda

54. 1. nadaba   7. estabas
     2. hablaba   8. tomábamos
     3. visitábamos   9. preparaban
     4. esquiaban   10. cenaba
     5. cantaban   11. echaba
     6. bailaban   12. despertábamos

55. 1. Yo hablaba español.
     2. ¿Quién preparaba la comida?
     3. Nuestros padres trabajaban mucho.
     4. Tú cantabas muy bien.
     5. ¿Dónde pasaban Uds. los veranos?
     6. Nosotros siempre andábamos por el
        parque.
     7. ¿Por qué no escuchabas la radio?
     8. Yo jugaba mucho al fútbol.

56. acompañaba, visitábamos, adoraba, daba,
     jugaba, pasaba, preparaba, gustaba,
     cocinaba, ayudaba, cocinaba, preparaba,
     pasaba, acostaba, besaba, estaban, daba,
     estaba, daban, adorábamos

57. 1. leía   6. conocías
     2. venían   7. aprendía
     3. comías   8. pedía
     4. recibíamos   9. queríamos
     5. salían   10. sabía

58. 1. Yo prefería acompañarlos.
     2. No comíamos casi nada.
     3. Los niños corrían por el parque.
     4. Ellas entendían el problema.
     5. Carlos no me conocía.
     6. Tú venías con los otros.
     7. Ellos salían temprano.
     8. Yo aprendía el español.

59. 1. Carlos siempre comía en aquel
        restaurante.
     2. Ellos hacían un viaje a España cada
        verano.
     3. Yo ponía la mesa cada mañana.
     4. Los niños siempre recibían regalos.
     5. Yo quería hacer un viaje.
     6. Nosotros no pedíamos nada.
     7. ¿Dónde vivían Uds.?
     8. Tú volvías cada día a la misma hora.

60. 1. Yo leo mucho ahora y yo leía mucho
        cuando era niño(a).
     2. Yo como mucho ahora y yo comía
        mucho cuando yo era niño(a).
     3. Yo aprendo mucho ahora y yo aprendía
        mucho cuando era niño(a).
     4. Yo sé mucho ahora y yo sabía mucho
        cuando era niño(a).
     5. Yo salgo mucho ahora y yo salía mucho
        cuando era niño(a).

6. Yo hago mucho ahora y yo hacía mucho cuando era niño(a).
7. Yo comprendo mucho ahora y yo comprendía mucho cuando era niño(a).

61. 1. decía, creía, comían, bebían
    decía, creía, bebía, comía
    2. decían, creían, veían, leían
    3. decía, sabía, comprendía, decían
    4. creía, leía, podía, veía

62. 1. iban
    2. veíamos
    3. era
    4. era
    5. veía
    6. íbamos
    7. veía
    8. éramos
    9. ibas
    10. eran

63. era, iba, era, iba, estaba, hacía, compraba,
    era, quería, sentaba, resultaban, costaban,
    veía, eran, íbamos, seguíamos

64. 1. Juanito venía aquí todos los días.
    2. Los barcos salían del puerto cada mañana.
    3. Íbamos a la playa muy a menudo.
    4. Tú viajabas frecuentemente.
    5. Nosotros siempre volvíamos a la misma hora.
    6. El cambiaba los planes de vez en cuando.
    7. Ellos lo decían muchas veces.
    8. Yo siempre estudiaba.
    9. Yo siempre jugaba con ellos.
    10. Nosotros los visitábamos con frecuencia.
    11. Ellos iban a España todos los veranos.
    12. Ellos me lo decían de vez en cuando.
    13. El me hablaba muy a menudo.
    14. Tú lo hacías a veces.

65. 1. El no quería salir.
    2. Nosotros podíamos hacer el trabajo.
    3. Yo sentía oír las malas noticias.
    4. Ellos lo deseaban fuertemente.
    5. Carlos no sabía los detalles.
    6. Nosotros preferíamos viajar en avión.
    7. Nosotros queríamos trabajar.
    8. ¿Por qué preferías trabajar así?
    9. ¿En qué pensaba Ud.?
    10. Ellos creían que Ud. lo sabía.

66. *Answers will vary.*

67. 1. Hacía buen tiempo.
    2. Yo tenía sed.
    3. El niño tenía pelo rubio.

4. María era bonita y su hermano era guapo.
5. Eran las ocho de la noche.
6. Hacía viento.
7. Las estrellas brillaban en el cielo.
8. Las calles eran estrechas y pintorescas.
9. El señor tenía sesenta años.
10. El viaje era largo y yo estaba cansado.
11. El mar estaba muy calmo.
12. El mercado era pintoresco.
13. Las montañas bajaban al mar.
14. Los niños tenían sueño.

68. estaba, era, era, quedaba, tenía, era, tenía,
    estaba, trabajaba, encontraba, tenía, quería,
    podía, tenía, necesitaba, ganaba, mandaba,
    eran, estaba, podía, tenía, hacía, nevaba,
    tenía, alquilaba, tenía

69. 1. sabían   5. quería
    2. hablaba   6. estaba
    3. vivíamos   7. construían
    4. conocía   8. decía

70. 1. nadé
    2. esquié
    3. jugué al fútbol
    4. trabajé después de las clases
    5. gané mucho dinero
    6. visité un país extranjero

71. 1. no estudió
    2. no sacó muy buenas notas
    3. jugó al fútbol también
    4. trabajó

72. 1. aron   6. aron
    2. é   7. é
    3. ó   8. ó
    4. amos   9. aron
    5. aste   10. aste

73. 1. habló   6. terminaron
    2. nadamos   7. esquió
    3. tocó   8 . gritaste,
    4. compraron   hablaste
    5. cené

74. 1. Tú compraste demasiado.
    2. Miguel no habló en voz alta.
    3. Yo no preparé nada.
    4. Ellos no bailaron mucho.
    5. Tú terminaste pronto.
    6. Ud. cantó muy bien.
    7. Nosotros limpiamos la casa.
    8. Lavé el carro.

75. 1. jugué   5. busqué
    2. pagué   6. empezó
    3. jugaron   7. comencé
    4. pagó   8. practiqué

76. 1. Ellos nadaron en la piscina.
    2. Yo jugué al fútbol en el estadio.
    3. El habló con sus amigos en el café.
    4. Tú bailaste y cantaste bien anoche.
    5. Nosotros buscamos una casa en aquel barrio.
    6. Ud. viajó mucho el año pasado.

77. 1. defendieron   9. escribiste
    2. vendí   10. volvimos
    3. vivieron   11. subió
    4. recibiste   12. metieron
    5. salieron   13. abrimos
    6. aprendimos   14. aprendí
    7. perdió   15. recibieron
    8. comí

78. 1. Carmen y María salieron a las ocho.
    2. Nosotros bebimos vino.
    3. El vendió el carro.
    4. Yo viví en el centro mismo.
    5. Nadie perdió.
    6. Tú escribiste buenos artículos.
    7. Yo no comí mucho.
    8. Elena defendió bien su opinión.
    9. Ellos volvieron a tiempo.
    10. Recibimos muchos paquetes.

79. salió, asistieron, gustó, cantó, escogió,
    empezó, terminó, volvió, tomaron, salí, salí,
    vimos, salimos, decidimos, vimos, salieron,
    llegamos

80. 1. Yo le di una limosna al pobre.
    2. Carlos le dio la propina al camarero.
    3. Nosotros le dimos los papeles al profesor.
    4. Tú me diste buenos consejos.
    5. Yo no te di nada.
    6. ¿Quién te dio las noticias?
    7. Eso me dio miedo.
    8. Ellos le dieron un regalo a su madre.

81. 1. mintió   6. mentimos
    2. sugeriste   7. murió
    3. sentí   8. dormí
    4. dormiste   9. prefirió
    5. prefirieron   10. sugirieron

82. 1. El prefirió ir en avión.
    2. Ellos no mintieron.
    3. Ella no durmió muy bien.
    4. Ellos se murieron de risa.
    5. El no sugirió nada.
    6. Ellos sintieron oír las malas noticias.

83. 1. frió   5. sonrió
    2. reíste   6. reñimos
    3. pidieron   7. midieron
    4. serví   8. despidió

84. 1. Ella le pidió la cuenta al cameraro.
    2. Los pobres pidieron limosna.
    3. Yo no reñí con ellos.
    4. Nosotros servimos una comida muy buena.
    5. El sastre lo midió.
    6. ¿Por qué despidieron al director?
    7. Yo no me reí de nada.
    8. Ellas frieron el pollo en aceite de oliva.

85. comí, pedí, pidieron, sirvió, pidieron, pedí,
    pedí, rió, seguí, comí, comí

86. 1. Ellos contribuyeron mucho a la iglesia.
    2. Yo incluí todos los detalles.
    3. El niño leyó mucho.
    4. ¿No oíste las noticias?
    5. Distribuimos los informes.
    6. Yo no leí aquel periódico.
    7. El construyó el puente.
    8. Ellos no oyeron nada.

87. 1. anduvieron   6. estuvieron
    2. estuvo   7. tuvo
    3. tuvimos   8. anduvieron
    4. estuve   9. tuve
    5. anduviste   10. estuviste

88. 1. Yo tuve mala suerte.
    2. Yo anduve por el parque.
    3. Yo estuve en el mercado.
    4. Nosotros tuvimos que mandar la carta.
    5. Nosotros anduvimos por el centro de la ciudad.
    6. Nosotros estuvimos en la Argentina.
    7. María lo tuvo.
    8. Ellas tuvieron que depositar el dinero.
    9. ¿Por qué no anduviste por los pasillos del museo?
    10. El estuvo en la capital.

89. 1. pude   7. supimos
    2. pusieron   8. puso
    3. supieron   9. pudo
    4. pusimos   10. puse
    5. supieron   11. cupieron
    6. pudiste   12. cupo

90. 1. quisieron   6. quiso
    2. hice   7. vino
    3. vino   8. quise
    4. hicieron   9. hicieron
    5. viniste   10. hicimos

91. 1. tradujo   6. tradujeron
    2. traje   7. dijiste
    3. dijeron   8. trajeron
    4. dijimos   9. produjeron
    5. produjo   10. dije

92. 1. Sí, fui al mercado.
     2. Sí, fui poeta una vez.
     3. Sí, Juan fue a las montañas.
     4. Sí, el señor González fue miembro.
     5. Sí, fuimos a casa de los López.
     6. Sí, fueron Juan y Carlos quienes lo dijeron.

93. 1. Ellos fueron al mercado.
     2. Yo fui el único.
     3. Fuimos todos juntos.
     4. Aquel señor fue el presidente.
     5. Enrique fue también.
     6. Fui a la fiesta de María.

94. 1. hicieron   9. pudiste
     2. tradujiste   10. dijo
     3. quiso   11. supe
     4. pusieron   12. comió
     5. estuvo   13. oyeron
     6. trajo   14. pidió
     7. cantaron, tocó   15. tuvimos
     8. vinimos

95. 1. La compañía no tuvo suficientes fondos económicos.
     2. ¿Por qué viniste a las ocho de la mañana?
     3. El no pudo ayudarme.
     4. Tú buscaste los informes.
     5. Nosostros anduvimos por la capital.
     6. ¿Quién te lo dijo?
     7. Los alumnos no lo supieron.
     8. Yo fue en tren.
     9. Ellos no estuvieron aquí.
     10. ¿Por qué no lo pusimos en el garage?
     11. El no leyó el programa del día.
     12. No lo hicimos sin ayuda.
     13. Yo no repetí la contestación.
     14. Ellos no quisieron salir del centro.
     15. Los fértiles campos del interior produjeron mucho.
     16. Yo defendí mi opinión.
     17. Juan fue a las montañas a escribir.
     18. Nosotros no dijimos nada.
     19. El niño durmió muy bien.
     20. Ellos prefirieron estar presentes.

96. 1. invadieron   7. llegaron
     2. descubrió   8. comiste
     3. lucharon   9. estuvo
     4. produjo   10. dijo
     5. hicimos   11. vi
     6. miré   12. fuimos

97. 1. No quiso trabajar más.
     2. Conocí a María ayer.
     3. No lo supieron.
     4. No pudimos terminar.
     5. Pudo explicar el episodio.

     6. No quiso hablar.
     7. Supieron los resultados.
     8. Pudo terminar.

98. 1. El venía aquí a menudo.
     2. Yo lo veía a menudo.
     3. Carlos me lo repetía a menudo.
     4. Recibíamos una carta de él a menudo.
     5. El me llamaba a menudo.

99. 1. El nos visitó hace dos días.
     2. Ella me ayudó hace dos días.
     3. Yo fui allá hace dos días.
     4. Ellos me lo dijeron hace dos días.
     5. Tú comiste allí hace dos días.

100. 1. Ellos miraban la televisión cada noche.
     2. Juan estuvo aquí el otro día también.
     3. Ibamos allá muy a menudo.
     4. Comieron en aquel restaurante el sábado pasado.
     5. Yo lo veía con frecuencia.
     6. Siempre discutíamos el mismo problema.
     7. El profesor lo repitió una vez.
     8. El director desaparecía de vez en cuando.
     9. Su padre estuvo enfermo por tres años.
     10. Durante todos sus viajes, él pagaba con cheques de viajero.

101. 1. Sí, discutía el problema con frecuencia.
     2. Sí, fue al campo el verano pasado.
     3. Sí, vivió en Zaragoza hace dos años.
     4. Sí, asistía a los conciertos todos los viernes.
     5. Sí, bailó mucho anoche.
     6. Sí, siempre conducía el coche.
     7. Sí, luchó con el ejército en 1942.
     8. Sí, reñía con ellos de vez en cuando.

102. 1. nadaban, tomaban
     2. hablaba, entré
     3. discutían, interrumpimos
     4. preparaba, ponía
     5. dormía, sonó
     6. comían, llamé
     7. miraban, estudiaba
     8. hablaban, anuncié
     9. llegaron, hacía
     10. bailaban, cantaban

103. 1. comió, bebió
     2. guardó, sacó
     3. entró, salió
     4. lloró, ladró
     5. agitó, embistió

104. 1. Un señor comía y el otro bebía.
     2. María guardaba las maletas y su amiga sacaba los billetes.

3. El policía entraba y el ladrón salía.
4. El niño lloraba y el perro ladraba.
5. El torero agitaba el capote y el toro embestía.

105. 1. voy a
    2. va a
    3. vamos a
    4. van a
    5. vas a
    6. va a
    7. voy a
    8. vamos a

106. *Answers will vary.*

107. 1. Vamos a vivir en la capital.
    2. Voy a hacer las maletas.
    3. ¿Vas a mirar la televisión?
    4. Van a recibir la carta.
    5. Va a hablar el presidente.
    6. Voy a poner todo en orden.
    7. Vamos a repetir la oración.
    8. Uds. van a salir temprano.

108. 1. discutirá
    2. hablaré
    3. estarás
    4. comeremos
    5. recibirán
    6. volveremos
    7. contaré
    8. comprará
    9. venderemos
    10. llegará

109. 1. Nadaremos en el mar.
    2. Mirarán la televisión.
    3. Volveré en avión.
    4. Ellos terminarán el trabajo.
    5. Viviremos en el hotel.
    6. Recibirá las noticias en seguida.
    7. ¿No estudiarás más?
    8. Leerán aquella novela.

110. 1. Sí, iré a España algún día.
    2. Viajaré por el país.
    3. Tomaré el tren.
    4. Pasaré _____ en España.
    5. Iré (solo[a]) con un amigo(a).
    6. Sí, visitaré (visitaremos) a Madrid.
    7. Sí, conoceré a algunos madrileños.
    8. Iremos al famoso museo del Prado.
    9. Veré las pinturas de Goya y Murillo.
    10. Admiraré la obra de Velázquez.
    11. Comeré una buena paella en uno de los típicos restaurantes de Madrid.
    12. Tomaré un chato de vino en uno de los mesones del Viejo Madrid.

111. 1. dirá
    2. haré
    3. querrán
    4. cabrá
    5. podremos
    6. sabrá
    7. pondré
    8. saldrán
    9. tendrás
    10. valdrá
    11. vendrán

112. 1. Ellos harán un viaje.
    2. Carlitos no querrá salir.

3. Yo tendré bastante tiempo.
4. ¿Cuánto valdrá la joya?
5. Nosotros saldremos a las ocho en punto.
6. Tú dirás la verdad.
7. Uds. vendrán en avión, ¿no?
8. Yo sabré los resultados.
9. ¿Por qué no podrás jugar?
10. Todos no cabrán en el mismo carro.

113. 1. No, pero la próxima vez haré el viaje en avión.
    2. No, pero la próxima vez pondrán los billetes en la bolsa.
    3. No, pero la próxima vez tendremos suficientes fondos.
    4. No, pero la próxima vez querrá subir en el funicular.
    5. No, pero la próxima vez vendremos acompañados.
    6. No, pero la próxima vez los ingenieros podrán terminar a tiempo.
    7. No, pero la próxima vez saldré temprano.
    8. No, pero la próxima vez sabrán la hora exacta de la llegada.

114. 1. nadarían
    2. escribiría
    3. pagaría
    4. venderíamos
    5. vivirían
    6. irías
    7. volvería
    8. estarían
    9. escribiría
    10. freiríamos

115. 1. Ellos vendrían en seguida.
    2. Tomás podría estar aquí para las ocho.
    3. Nosotros sabríamos todos los detalles.
    4. Todos no cabrían porque el coche es pequeño.
    5. ¿Querrías discutir el problema con el presidente?
    6. Ellos harían el trabajo sin ninguna dificultad.
    7. Yo no tendría los informes necesarios.
    8. Una esmeralda valdría mucho dinero aquí.
    9. Uds. lo pondrían en orden.
    10. Saldríamos lo más pronto posible.

116. 1. haría
    2. tendrías
    3. tendría, sería
    4. haría
    5. tendría
    6. tendría
    7. podríamos
    8. devolvería
    9. querría
    10. daría

117. 1. Serían las ocho cuando ellos llegaron.
    2. Sabrán los resultados.
    3. Los jóvenes no tendrán miedo.

4. Su madre tendría unos cuarenta años.
5. Serán las cinco y media.
6. Ella saldrá con Juan.
7. Vendrán en avión.
8. Los convidados estarían entre los veinte y veinte y cinco años.

118. 1. Dije que no estaría presente.
2. Juan decidió que haría el viaje.
3. Ellos dijeron que terminarían el trabajo.
4. Dijo que pronto lo sabría.
5. Nosotros dijimos que pondríamos la mesa.
6. Ellos dijeron que se pondrían de acuerdo.
7. La criada dijo que serviría la comida.
8. Ellos dijeron que no tendrían miedo.

119. 1. han estado
2. ha cantado
3. ha contestado
4. han empezado
5. he hablado
6. has comido
7. hemos vivido
8. ha aprendido
9. he recibido
10. hemos vendido

120. 1. han abierto
2. he cubierto
3. han descubierto
4. ha muerto
5. he puesto
6. han vuelto
7. he frito
8. han abierto
9. he visto
10. ha hecho
11. hemos dicho
12. ha escrito

121. 1. Pues, yo he limpiado la casa.
2. Pues, yo he hecho la cama.
3. Pues, yo he ido de compras.
4. Pues, yo he lavado el carro.
5. Pues, yo he escrito a mamá.
6. Pues, yo he puesto la mesa.

122. 1. Pero es que ya han vuelto.
2. Pues, es que ya han hecho las maletas.
3. Pues, es que ya han puesto el equipaje en el baúl.
4. Pues, es que ya han visitado a sus primos.
5. Pues, es que ya han visto a sus colegas.

123. 1. habíamos llegado
2. habían comido
3. habías preparado
4. había conocido
5. había vuelto
6. había roto
7. había dicho
8. habíamos hecho
9. había visto
10. había oído
11. habíamos vendido
12. había abierto

124. 1. María ya había cantado cuando los gitanos bailaron.
2. Ellos ya habían comido cuando yo llegué.

3. Yo ya había terminado el trabajo cuando sonó el teléfono.
4. Yo ya había conocido a Europa cuando fui a Asia.
5. Los ladrones ya habían salido cuando el perro ladró.

125. 1. habremos hablado
2. habrán visto
3. habrán dicho
4. habré vendido
5. habrá discutido
6. habremos comido
7. habrán vuelto
8. habrás decidido
9. habrá descubierto
10. habré visto

126. 1. habrían terminado
2. habría comido
3. habría vivido
4. habrían pedido
5. habríamos vuelto
6. habrías insistido
7. habría acompañado
8. habría dicho
9. habría visto
10. habría comprado

127. 1. Yo habría terminado pero no tenía tiempo.
2. El habría bebido algo pero no tenía sed.
3. Ellos habrían dormido pero no tenían sueño.
4. Nosotros no habríamos puesto una chaqueta pero no teníamos frío.
5. Yo me habría quitado el suéter pero no tenía calor.
6. Tú habrías hecho algo pero tenías miedo.

128. 1. hablen, coman, escriban, vuelvan, duerman, sigan, vengan, salgan, conduzcan
2. terminemos, prometamos, empecemos, sirvamos, volvamos, salgamos, estemos presentes, vayamos
3. trabaje, lea, insista, siga, venga, duerma, salga, conduzca, vaya, sea así
4. estudies, comas, vuelvas, salgas, duermas

129. 1. Quiero que Uds. lo pasen bien.
Quiero que él coma más.
Quiero que ellos vivan aquí.
Quiero que Juanito devuelva el dinero.
Quiero que María lo repita.
Quiero que Uds. lo sepan.
Quiero que Ud. haga el viaje conmigo.

2. Mandamos que Uds. lo aprendan.
Mandamos que los niños no fumen.

Mandamos que él estudie más.
Mandamos que tú leas la novela.
Mandamos que ellos traduzcan el poema.
Mandamos que el camarero sirva la comida.

3. Ella espera que yo los conozca.
Ella espera que hagamos el viaje.
Ella espera que pongamos todo en orden.
Ella espera que tú sepas los detalles.
Ella espera que Uds. estén bien.
Ella espera que visitemos a San Francisco.

4. Prefiero que lleves aquel traje.
Prefiero que viajen por México.
Prefiero que vengas aquí.
Prefiero que Uds. lo compren.
Prefiero que los chicos no lo sepan.
Prefiero que establezcan el negocio aquí.
Prefiero que vivas cerca de nosotros.

5. Insisten en que aprendamos español.
Insisten en que termines mañana.
Insisten en que hagas el trabajo.
Insisten en que comprendamos su problema.
Insisten en que vayamos a casa.
Insisten en que el niño sea bilingüe.

130. 1. Sí, quiero que tú me acompañes a la consulta del médico.
2. Sí, prefiero que tú conduzcas el carro.
3. Sí, quiero que tú hables con el médico.
4. Sí, deseo que me esperes.
5. Sí, tengo miedo de que el médico me dé una inyección.
6. Sí, temo que me haga daño.
7. Sí, tengo miedo de que me mande al hospital.
8. Sí, insistirá en que yo guarde cama.
9. Sí, prohibirá que yo fume.
10. Sí, querrá que yo siga un régimen.

131. 1. comamos
2. lleguen
3. conduzcas
4. viajemos
5. sigas
6. esté
7. lean
8. repitas
9. puedan
10. sepamos
11. vengan
12. haga
13. asistan
14. fume
15. traduzcamos

132. 1. prepare, lea, reciba, tenga, haga, pida, prefiera, sepa
2. encontremos, perdamos, recibamos, produzcamos, hagamos, consigamos
3. termines, comas, comprendas, escribas, traigas, hagas, midas, repitas

4. regrese, salga, vaya, esté, siga
5. prepare, lea, diga, traduzca, traiga, conduzca

133. 1. Es importante que nosotros recibamos los resultados.
2. Conviene que ellos lleguen por la mañana.
3. Es necesario que el chico estudie más.
4. Es posible que ellos vuelvan pronto.
5. Es imposible que el héroe pierda el juego.
6. Es mejor que todos estén presentes.
7. Es probable que ellos traigan los refrescos.
8. Basta que yo se lo diga a él.
9. Es preciso que vayamos al mercado.
10. Es fácil que él aprenda español.
11. Es raro que ellos no asistan.
12. Es lástima que estés enfermo.
13. Es bueno que ellos escriban la carta.
14. Es aconsejable que tú hables con el médico.
15. Es difícil que salgamos en seguida.

134. 1. estarán aquí, llegarán temprano, comerán aquí, saldrán temprano, harán el trabajo
2. preparen, lean, reciban, sepan, hagan, tengan, repitan

135. 1. Sí, creo que Juan lo sabrá.
2. No, no creo que ellos lleguen mañana.
3. Sí, dudo que Juan venga.
4. No, no dudo que Pepe tiene (tendrá) los detalles.
5. No, no es cierto que yo asista.
6. No, no hay duda que mis amigos vendrán.

136. 1. estarán
2. puedas
3. tengan
4. volveremos
5. asista
6. hagan
7. contestará
8. lleguen

137. 1. trabaje, estudie, coma, lea, escriba
2. compren, vendan, pidan, sirvan, hagan, traigan, traduzcan
3. fume, salga, vaya, siga, duerma
4. esperemos, trabajemos, prometamos, volvamos, salgamos, conduzcamos
5. prepares, anuncies, devuelvas, escribas, repitas, hagas

138. 1. estemos
2. hagas
3. ponga
4. coman
5. volvamos
6. venda
7. escribamos
8. salgan
9. digas
10. visitemos

139. 1. asistamos
2. asiste (asistirá)
3. haga
4. hará (hace)
5. está

140. 1. habla español, escribe bien, sabe
         taquigrafía
      2. hable español, escriba bien, sepa taquigrafía

141. 1. Busco un secretario que sepa taquigrafía.
      2. Tengo una falda que juega bien con esta
         blusa.
      3. Quiero comprar una falda que juegue
         bien con esta blusa.
      4. Necesitamos un dentista que viva cerca.
      5. Tengo un puesto que es estupendo.
      6. Quiero un puesto que me pague bien.

142. 1. recibe   4. hable
      2. sea   5. tenga
      3. esté   6. tiene

143. 1. tenga   3. pueda
      2. exista   4. conozca

144. 1. ayude   4. sepa
      2. sirva   5. asuste
      3. sea

145. 1. No hay ningún diccionario que incluya
         todas las palabras.
      2. No hay nadie que lo tenga.
      3. No tengo ninguna falda que juegue bien
         con aquella blusa.
      4. No conozco a nadie que te pueda ayudar.
      5. No hay ningún tren que vaya a aquel
         pueblecito.

146. 1. sea   4. reciba
      2. sea   5. sea
      3. tenga

147. 1. sepa   4. vuelva
      2. tengas   5. trabajemos
      3. viajen

148. 1. estudiaran, trabajaran, comieran,
         aprendieran, volvieran, salieran,
         condujeran, vinieran
      2. nadáramos, viajáramos, volviéramos,
         saliéramos, contribuyéramos,
         tradujéramos, fuéramos
      3. terminaras, empezaras, comieras,
         vendieras, escribieras, leyeras,
         construyeras, hicieras, pidieras, trajeras

149. 1. terminara   9. fueran
      2. bebiéramos   10. hablaras
      3. cantáramos   11. dijera
      4. vivieras   12. acompañáramos
      5. estudiara   13. estuvieras
      6. saliera   14. vendieran
      7. tradujéramos   15. viniera
      8. volvieran

150. 1. Insistía en que aprendiéramos español.
      2. Preferí que Uds. lo compraran.

3. Mandaron que el camarero sirviera la
   comida.
4. Querían que él comiera más.
5. Ella tendría miedo de que Ud. no lo
   supiera.
6. El te aconsejaría que no salieras.
7. Ella estaba contenta de que llegáramos
   temprano.
8. Ellos temían que tú no lo repitieras.

151. 1. Insistían en que comiéramos con ellos.
      2. Tenían miedo de que no volvieras.
      3. Ella prefería que vinieras a las ocho.
      4. Querían que hiciéramos el viaje en tren.
      5. Insistía en que tú lo repitieras.
      6. Temían que no lo supiéramos.
      7. Prohibían que yo fumara.
      8. Te pedían que lo terminaras.

152. 1. viviéramos   6. aprendieras
      2. supiera   7. viajara
      3. pagara   8. comiéramos
      4. dijera   9. trabajaran
      5. hablara   10. hiciera

153. 1. hablara
      2. hablaba
      3. tratara
      4. era
      5. estuviera
      6. sacaron (habían sacado)
      7. fueran
      8. fuera
      9. fuera
     10. fueras

154. 1. hablemos, comencemos, comamos,
         salgamos, lleguemos, sirvamos
      2. hablamos, comenzamos, comimos,
         salimos, llegamos, servimos
      3. terminen, canten, coman, salgan,
         lleguen, vuelvan
      4. terminaron, cantaron, comieron,
         salieron, llegaron, volvieron
      5. llegues, termines, empieces, salgas,
         vuelvas
      6. llegaste, terminaste, empezaste, saliste,
         volviste
      7. hable, termine, vuelva, salga
      8. hablara, entrara, terminara, volviera,
         saliera

155. 1. volvió   9. volvió
      2. vengan   10. estén
      3. llamé   11. visiten
      4. termine   12. sepa
      5. terminemos   13. saliéramos
      6. vio   14. pudiera
      7. recibió   15. vayan
      8. entremos

156. 1. esté
    2. llueve
    3. trabaje
    4. sea
    5. sabe
    6. diga
    7. pagan
    8. conozco

157. 1. ayuden
    2. ayudaras
    3. lleguen
    4. fueran
    5. vayan
    6. sepa
    7. estés
    8. vinieras
    9. tenga
    10. sea

158. 1. aprendamos
    2. saliera
    3. sigan
    4. fuera
    5. comprenda
    6. vivan
    7. sepan
    8. broten

159. 1. ¡Ojalá esperen hasta que lleguemos!
    ¡Tal vez esperen hasta que lleguemos!
    2. ¡Ojalá salgan ellos!
    ¡Tal vez salgan ellos!
    3. ¡Ojalá vuelvan pronto!
    ¡Tal vez vuelvan pronto!
    4. ¡Ojalá conozcas a Juan!
    ¡Tal vez conozcas a Juan!
    5. ¡Ojalá estés contento!
    ¡Tal vez estés contento!
    6. ¡Ojalá lleguen pronto!
    ¡Tal vez lleguen pronto!
    7. ¡Ojalá nos ayuden!
    ¡Tal vez nos ayuden!
    8. ¡Ojalá lo sepan!
    ¡Tal vez lo sepan!

160. 1. Quisiera un vaso de agua.
    2. ¿Quisieras dar un paseo?
    3. ¿Quisiera Ud. bailar?
    4. ¿Quisieran Uds. acompañarnos?
    5. Quisiéramos ver la película.

161. 1. hayas llegado
    2. hayamos dicho
    3. hayan conocido
    4. haya terminado
    5. hayan sufrido
    6. haya pasado
    7. haya visto
    8. hayamos hecho
    9. haya terminado
    10. haya visto

162. 1. Es dudoso que ellos no lo hayan comprendido.
    2. Ellos saldrán después de que Ud. haya llegado.
    3. No sabrán nada hasta que nosotros hayamos vuelto.
    4. Ellos dudan que yo haya hecho tanto.
    5. Es imposible que tú lo hayas terminado.
    6. Es raro que ella no haya dicho nada.
    7. No creo que hayan venido ellos.
    8. Es probable que él haya comido.
    9. Es dudoso que ellos lo hayan sabido.
    10. Es posible que ella lo haya descubierto.

163. 1. hubiera comido
    2. hubieran sabido
    3. hubiéramos discutido
    4. hubieran salido
    5. hubieras terminado
    6. hubiera tenido
    7. hubieras dicho
    8. hubiéramos llegado
    9. hubieran hablado
    10. hubieran salido

164. 1. tienen
    2. llueve
    3. acompañas
    4. estuviera
    5. pudiéramos
    6. tuvieras
    7. hubiera sabido
    8. hubiera salido
    9. hubieras escrito
    10. hubiéramos empezado
    11. vamos
    12. fuera

165. 1. vayan
    2. salió
    3. guste
    4. fumemos
    5. hiciera
    6. llegarán
    7. termináramos
    8. hable
    9. viniera
    10. estaba
    11. volvieron
    12. hubiera (haya)
    13. salen
    14. hubiera sabido
    15. comprendiéramos
    16. sea
    17. sepan
    18. dijéramos
    19. llueva
    20. estén (estuvieran)

166. 1. Sí, nade Ud.
    No, no nade Ud.
    2. Sí, cante Ud.
    No, no cante Ud.
    3. Sí, baile Ud.
    No, no baile Ud.
    4. Sí, trabaje Ud.
    No, no trabaje Ud.
    5. Sí, venda Ud.
    No, no venda Ud.
    6. Sí, coma Ud.
    No, no coma Ud.

7. Sí, escriba Ud.
   No, no escriba Ud.
8. Sí, insista Ud.
   No, no insista Ud.
9. Sí, vuelva Ud.
   No, no vuelva Ud.
10. Sí, piense Ud.
    No, no piense Ud.
11. Sí, empiece Ud.
    No, no empiece Ud.
12. Sí, pida Ud.
    No, no pida Ud.
13. Sí, sirva Ud.
    No, no sirva Ud.
14. Sí, repita Ud.
    No, no repita Ud.
15. Sí, duerma Ud.
    No, no duerma Ud.
16. Sí, salga Ud.
    No, no salga Ud.
17. Sí, haga Ud. el viaje.
    No, no haga Ud. el viaje.
18. Sí, ponga Ud. la mesa.
    No, no ponga Ud. la mesa.
19. Sí, conduzca Ud. el coche.
    No, no conduzca Ud. el coche.
20. Sí, traduzca Ud. el poema.
    No, no traduzca Ud. el poema.
21. Sí, diga Ud. la verdad.
    No, no diga Ud. la verdad.
22. Sí, construya Ud. el puente.
    No, no construya Ud. el puente.
23. Sí, vaya Ud. en seguida.
    No, no vaya Ud. en seguida.
24. Sí, esté Ud. presente.
    No, no esté Ud. presente.
25. Sí, dé Ud. la respuesta.
    No, no dé Ud. la respuesta.

167. 1. Sí, esquíen Uds.
        No, no esquíen Uds.
     2. Sí, bailen Uds. el tango.
        No, no bailen Uds. el tango.
     3. Sí, viajen Uds. por el Perú.
        No, no viajen Uds. por el Perú.
     4. Sí, coman Uds.
        No, no coman Uds.
     5. Sí, aprendan Uds. la lección.
        No, no aprendan Uds. la lección.
     6. Sí, vivan Uds. aquí.
        No, no vivan Uds. aquí
     7. Sí, escriban Uds. la carta.
        No, no escriban Uds. la carta.
     8. Sí, vuelvan Uds. en seguida.
        No, no vuelvan Uds. en seguida.
     9. Sí, sirvan Uds. la comida.
        No, no sirvan Uds. la comida.

10. Sí, repitan Uds. la oración.
    No, no repitan Uds. la oración.
11. Sí, salgan Uds. ahora.
    No, no salgan Uds. ahora.
12. Sí, hagan Uds. el trabajo.
    No, no hagan Uds. el trabajo.
13. Sí, traigan Uds. los refrescos.
    No, no traigan Uds. los refrescos.
14. Sí, conduzcan Uds. el coche.
    No, no conduzcan Uds. el coche.
15. Sí, contribuyan Uds. más.
    No, no contribuyan Uds. más.
16. Sí, vayan Uds. ahora.
    No, no vayan Uds. ahora.
17. Sí, estén Uds. presentes.
    No, no estén Uds. presentes.
18. Sí, den Uds. la respuesta.
    No, no den Uds. la respuesta.

168. 1. descuelgue
     2. introduzca
     3. espere
     4. marque
     5. no olvide
     6. hable
     7. cuelgue

169. 1. tome
     2. siga
     3. doble
     4. vaya
     5. tome
     6. siga
     7. pague
     8. siga
     9. salga
     10. vire
     11. siga
     12. tenga

170. 1. pique
     2. ponga
     3. fría
     4. añada
     5. agite
     6. añada
     7. lleve
     8. baje
     9. tape
     10. cocine
     11. sirva
     12. aproveche

171. 1. Sí, nada.
     2. Sí, canta.
     3. Sí, baila.
     4. Sí, trabaja.
     5. Sí, lee.

6. Sí, come.
7. Sí, escribe la carta.
8. Sí, insiste.
9. Sí, vuelve.
10. Sí, empiece.
11. Sí, pide.
12. Sí, sirve.
13. Sí, repite.
14. Sí, duerme.

172. 1. Y Juanito, tú también, canta.
2.   nada.
3.   baila
4.   lee.
5.   come.
6.   escribe.
7.   vuelve.
8.   piensa.
9.   pide.
10.   sirve.
11.   repite.
12.   duerme.

173. 1. Ten suerte.
2. Ten tiempo.
3. Pon todo en orden.
4. Pon la mesa.
5. Ven en seguida.
6. Ven mañana.
7. Sal ahora.
8. Sal de noche.
9. Di la verdad.
10. Di que sí.
11. Sé bueno.
12. Sé honesto.
13. Ve en tren.
14. Ve en seguida.

174. 1. dsescuelga
2. introduce
3. espera
4. marca
5. habla
6. cuelga

175. 1. toma
2. sigue
3. dobla
4. ve
5. toma
6. paga
7. sigue
8. sal
9. vira
10. sigue

176. 1. pica
2. pon

3. fríe
4. añade
5. agita
6. añade
7. lleva
8. baja
9. tapa
10. cocina
11. sirve

177. 1. No hables.
2. No nades.
3. No comas.
4. No bebas.
5. No escribas.
6. No pienses.
7. No vuelvas.
8. No pidas.
9. No sirvas.
10. No vengas.
11. No salgas más.
12. No tengas más paciencia.
13. No pongas la mesa.
14. No seas bueno.
15. No vayas en seguida.

178. 1. Cantemos la canción.
2. Bailemos el tango.
3. Comamos con Carlos.
4. Vendamos el coche.
5. Salgamos ahora.
6. Pongamos la mesa.
7. Hagamos el trabajo.
8. Vamos ahora.

179. 1. Vamos a preparar una merienda.
2. Vamos a bailar el merengue.
3. Vamos a aprender la canción.
4. Vamos a vivir en una casa particular.
5. Vamos a salir ahora.
6. Vamos a traer la cámara.
7. Vamos a volver a casa.
8. Vamos a pedir un favor.

180. 1. pintando, nadando, trabajando, cantando, bailando
2. aprendiendo, bebiendo, vendiendo el coche, escribiendo, saliendo
3. oyendo, leyendo, distribuyendo, pidiendo, diciendo, midiendo, sirviendo

181. 1. María está cantando y Juan está tocando la guitarra.
2. Las chicas están preparando la lección.
3. Yo estoy poniendo la mesa.
4. Estamos comiendo en el restaurante.
5. El avión está saliendo.
6. Ellos están viviendo con nosotros.

7. ¿Estás midiendo la distancia?
8. ¿Qué está diciendo él?
9. El siempre está leyendo novelas.
10. Ellos están durmiendo allí.

182. 1. El estaba charlando con sus amigos.
2. Ellos estaban haciendo un viaje por España.
3. Aquellos señores estaban trabajando como bestias.
4. Yo no estaba comiendo nada.
5. El estaba saliendo con María.
6. El profesor estaba explicando la teoría.
7. Estábamos construyendo una carretera en el interior.
8. Ella no estaba pidiendo nada.
9. Yo estaba sirviendo la comida.
10. Ellos estaban distribuyendo algo.

183. 1. me   6. se
2. se   7. se
3. se   8. se
4. nos   9. me, me
5. te   10. te

184. 1. Me lavo la cara.
2. Nos levantamos temprano.
3. El se quita la chaqueta.
4. Ellos se marchan.
5. Yo me acuesto tarde.
6. El señor se sienta a nuestra mesa.
7. El se despide de sus amigos.
8. Nos vestimos en seguida.
9. Ella se viste de moda.
10. Juan se pone el abrigo.
11. Yo me ducho antes de salir.
12. Carlos no se afeita esta mañana.

185. 1. me acuesto
2. se baña
3. nos cepillamos
4. se mira, se peina
5. te sientas
6. se viste
7. te lavas
8. me despido
9. nos dormimos
10. se despiertan
11. se pone
12. se quita

186. 1. la   4. el
2. la   5. tu
3. mi   6. los

187. 1. nos vimos
2. se abrazaron
3. nos conocimos
4. se quieren
5. se ayudan

188. 1. se   5. *nothing*
2. *nothing*   6. nos
3. *nothing*   7. me
4. se   8. me, *nothing*

189. 1. cantar, bailar, comer, salir, decidir, volver, terminar, empezar
2. volver, recibir las noticias, oír el anuncio, marcharse

190. 1. Oí cantar a María.
2. Oí llorar al bebé.
3. Oí entrar al ladrón.
4. Vi jugar a los chicos.
5. Vi llegar a la actriz.
6. Vi caer al bebé.

191. 1. el ladrar
2. el hablar
3. el reír
4. el cantar
5. el gritar

192. 1. Cervantes escribió la novela.
2. El mejor ingeniero construyó el puente.
3. Un incendio destruyó el edificio.
4. El médico trasladó al paciente a otro hospital.
5. La criada preparó la comida.

193. 1. fue, por   5. fue, por
2. fue, por   6. fue, de
3. fue, por   7. fue, de
4. fueron, por

194. 1. se cierra   8. se encuentra
2. se dice   9. se habla
3. se usa   10. se dan
4. se ven   11. se usa
5. se hacen   12. se sirve
6. se abre   13. se prepara
7. se establecen   14. se cocina

Chapter 4

1. 1. María no llegó ayer.
2. No vamos a esperar aquí.
3. El no canta muy bien.
4. El avión no saldrá a las tres.
5. No he visto a Roberto.
6. No están construyendo otro pueblo.
7. El niño no come demasiado.
8. Ellos no quieren que yo vaya.
9. Elena no lo sabe.
10. No lo hemos buscado.

2. 1. María no tiene nada en la mano.
2. Nada está en la mesa.

3. No hay nada en la cocina.
4. Nadie estará a la puerta.
5. Allá no veo a nadie.
6. ¿No tienes ningún problema?
7. El nunca dice la misma cosa.
8. Nunca vamos a las montañas.
9. ¿No tienes ni papel ni lápiz?
10. Carlos nunca está hablando a nadie de nada.

3. 1. El no es rico tampoco.
    2. Ellos tampoco tienen mucho dinero.
    3. María no lo sabe y yo no lo sé tampoco lo sé.
    4. Tampoco viene Juan.
    5. Tampoco estará en la reunión María.
    6. Nosotros no lo sabremos tampoco.
    7. Ellos no comen allí tampoco.

4. 1. El no es estúpido, sino inteligente.
    2. El no es bajo, sino alto.
    3. El no es gordo, sino flaco.
    4. El no es pobre, sino rico.
    5. El no es perezoso, sino ambicioso.
    6. El no es médico, sino abogado.
    7. Ella no es estúpida, sino inteligente.
    8. Ella no es baja, sino alta.
    9. Ella no es gorda, sino flaca.
    10. Ella no es pobre, sino rica.
    11. Ella no es perezosa, sino ambiciosa.
    12. Ella no es médica, sino abogada.

Chapter 5

1. 1. cuándo   7. cómo
    2. qué   8. adónde
    3. cuánto   9. quién
    4. dónde   10. qué
    5. quién   11. cuándo
    6. a quién   12. adónde

2. 1. ¿Quién es inteligente?
    2. ¿Cómo es María?
    3. ¿Quiénes van a las montañas en el verano?
    4. ¿Adónde van los Gómez en el verano?
    5. ¿Cuándo van los Gómez a las montañas?
    6. ¿Qué cuesta veinte pesos?
    7. ¿Cuánto cuesta el libro?
    8. ¿Quién está en la estación de ferrocarril?
    9. ¿Dónde está Juan?
    10. ¿Cuándo van ellos a España en avión?
    11. ¿Adónde van ellos en avión?
    12. ¿Cómo van ellos a España?

3. 1. cuál   4. cuáles
    2. cuáles   5. cuál
    3. cuál   6. cuáles

4. 1. qué   5. cuál
    2. cuál   6. cuál
    3. cuál   7. qué
    4. qué

5. 1. Yo me llamo _____ .
    2. Yo tengo _____ años.
    3. Yo nací en _____ .
    4. Yo nací en _____ .
    5. Es _____ .
    6. Yo nací a las _____ .
    7. Yo nací el _____ .

6. 1. ¿Quién es española?
    2. ¿De qué nacionalidad es la cantante?
    3. ¿Cómo es ella?
    4. ¿De qué goza ella?
    5. ¿Quién goza de mucha fama?
    6. ¿Qué dio ella?
    7. ¿Cuántos conciertos dio ella?
    8. ¿Dónde dio los conciertos?
    9. ¿Qué dio en el Teatro Colón?
    10. ¿Cuándo dio los conciertos?
    11. ¿Cómo se llama el teatro?
    12. ¿Dónde está el teatro?
    13. ¿Cuál es la ciudad favorita de la cantante?
    14. ¿Dónde está Buenos Aires?
    15. ¿Cuál es la capital de la Argentina?

Chapter 6

1. 1. ella   4. él
    2. ellos   5. él
    3. ellas   6. ella

2. 1. nosotros   5. tú
    2. tú   6. Ud.
    3. nosotros   7. yo
    4. yo

3. 1. yo   5. ellos
    2. nosotros   6. yo
    3. tú (Ud.)   7. ella
    4. él   8. tú (Ud.)

4. 1. Aquí la tiene Ud.
    2. Aquí los tiene Ud.
    3. Aquí las tiene Ud.
    4. Aquí lo tiene Ud.
    5. Aquí los tiene Ud.
    6. Aquí la tiene Ud.
    7. Aquí las tiene Ud.

5. 1. la   6. los
    2. las   7. la
    3. lo   8. los
    4. lo   9. la
    5. la   10. las

6. 1. Ellos los pusieron en la mesa.
    2. El lo vio ayer.
    3. La maestra la ayudó.
    4. Yo los compré.
    5. Elena las sacó.
    6. La hemos vendido.
    7. Ellos lo han resuelto.
    8. El no lo discutirá.
    9. El señor los ayudó.
    10. Carlos la quería mucho.
    11. El jefe los mandó.
    12. El camarero la sirvió.

7. 1. Sí, María me habla.
    2. Sí, mi amigo me ve.
    3. Sí, Carlos me conoce.
    4. Sí, mi madre me da un regalo.
    5. Sí, María me escribe la carta.
    6. Sí, el profesor me mira.
    7. Sí, la maestra me explica la lección.
    8. Sí, ellos me invitan.

8. 1. El no nos vio.
    2. Ella no nos dijo nada.
    3. Ellos no nos mandaron el paquete.
    4. Carlos no nos saludó.
    5. El señor no nos dio la mano.
    6. Papá no nos abrazó.
    7. El nos echó una mirada.
    8. Ella nos escribió una carta.

9. te
    me
    te
    me
    me
    te

10. 1. le   4. les
    2. les   5. les
    3. le   6. le

11. 1. El le dijo la verdad (a ella).
    2. El cartero le dio las cartas (a él).
    3. El señor González les habló (a ellos).
    4. Yo le di un regalo (a ella).
    5. Elena les mandó el paquete (a ellos).
    6. El profesor les explicará la lección
       (a ellas).
    7. Carlos le escribió una carta (a ella).
    8. El capitán les dio las órdenes (a ellos).

12. 1. la   5. les
    2. le   6. le
    3. lo   7. lo, le
    4. los

13. 1. María me las mostró.
    2. Ella nos la explicó.

    3. Ellos te lo mandaron.
    4. Ella nos la dio.
    5. El me lo devolvió.
    6. ¿El no te los dio?
    7. El profesor nos la enseñó.
    8. El señor me lo vendió.
    9. Mi madre me la compró.
    10. ¿Quién te las dio?

14. lo
    te lo
    me lo
    te lo, me
    te, me lo

15. 1. Mamá me los compró.
    2. Mamá me la compró.
    3. Mamá me lo compró.
    4. Mamá me las compró.
    5. Mamá me los compró.

16. 1. Carlos se las dio (a ella).
    2. Yo se lo mandé (a él).
    3. El profesor se la explicó (a ellos).
    4. La madre se lo compró (a ella).
    5. El pasajero se los dio (a él).
    6. María se lo leyó (a ellas).
    7. Nosotros se lo dimos (a ellos).
    8. El se la vendió (a ellos).
    9. El capitán se las dio (a ellos).
    10. El jefe se lo pagó (a ellos).
    11. Teresa se la explica (a él).
    12. Elena se las mostró (a él).

17. 1. Carlos lo leyó.
    2. María no lo ha visto.
    3. Tomás la sabe.
    4. María me lo mandó.
    5. El los ha construído.
    6. Ellos me lo explicaron.
    7. El no nos la repitió.
    8. El lo ha terminado.
    9. Yo se los di (a él).
    10. Carlos la vio el otro día.

18. 1. El te lo quiere explicar.
    2. María se lo prefiere decir a Ud.
    3. Mi madre nos las va a mostrar.
    4. Carlos te quiere decir algo.
    5. El me la quería vender.

19. 1. Ella quería ayudarme.
    2. Su padre va a dárnosla.
    3. Elena prefiere comprarlo.
    4. El maestro quiere explicártelo.
    5. El camarero va a servírselos.

20. 1. Juanita nos lo va a servir.
       Juanita va a servírnoslo.

2. El no te la va a pedir.
   El no va a pedírtela.
3. Ellos me lo van a decir.
   Ellos van a decírmelo.
4. María se las va a mandar.
   María va a mandárselas.
5. El me los va a vender.
   El va a vendérmelos.

21. 1. Ella te lo quiere dar.
       Ella quiere dártelo.
    2. Se lo queremos devolver (a él).
       Queremos devolvérselo (a él).
    3. Se la van a servir (a él).
       Van a servírsela (a él).
    4. El presidente la prefiere dar.
       El presidente prefiere darla.
    5. Ellos lo piensan vender.
       Ellos piensan venderlo.
    6. María se la quiere escribir.
       María quiere escribírsela.
    7. Ella nos la quiere explicar.
       Ella quiere explicárnosla.
    8. El me lo va a devolver.
       El va a devolvérmelo.
    9. Ella nos los puede enviar.
       Ella puede enviárnoslos.
   10. Yo te la quiero mostrar.
       Yo quiero mostrártela.

22. 1. María nos estaba hablando.
    2. El los estaba distribuyendo.
    3. Yo te estaba ayudando.
    4. Se lo estábamos explicando.
    5. Me las estaban mostrando.

23. 1. Ellos están mirándolo.
    2. Yo estaba leyéndotela.
    3. Nosotros estábamos auydándolos.
    4. El está explicándonoslo ahora.
    5. El señor está sirviéndolo ahora.

24. 1. Te la están cantando.
       Están cantándotela.
    2. Se lo está dedicando (a él).
       Está dedicándoselo (a él).
    3. Se la estamos sirviendo (a ellos).
       Estamos sirviéndosela (a ellos).
    4. Ella me las está mostrando.
       Ella está mostrándomelas.
    5. El te lo está preparando.
       El está preparándotelo.
    6. El nos los está devolviendo.
       El está devolviéndonoslos.
    7. Ella se la sigue explicando.
       Ella sigue explicándosela.
    8. Yo te la estoy repitiendo.
       Yo estoy repitiéndotela.

25. 1. La recepcionista está atendiéndolo.
    2. El cliente está hablándole.
    3. Ellos están discutiéndola.
    4. El señor quiere hacerla ahora.
    5. El quiere reservarlo.
    6. La recepcionista le asegura que puede
       dárselo.
    7. El señor está agradeciéndola.
    8. La recepcionista quiere verla.
    9. El señor está buscándola.
   10. El acaba de dársela.
   11. La recepcionista está apuntándolo.
   12. La recepcionista va a devolvérsela.

26. 1. No lo haga Ud.
    2. No me lo preparen Uds.
    3. No los ponga Ud. allí.
    4. No me la sirva Ud.
    5. No me ayuden Uds.
    6. No me lo cante Ud.
    7. No me des el libro.
    8. No me lo des.
    9. No me los vendas.
   10. No se lo pidas a él.

27. 1. Termínelo Ud.
    2. Díganmelo Uds.
    3. Ofrézcala Ud.
    4. Prepárenosla Ud.
    5. Cántenmelo Uds.
    6. Póngalos Ud. allí.
    7. Dímelo.
    8. Sírvenosla.
    9. Véndeselo.
   10. Ayúdame.

28. 1. Súbalas Ud.
    2. Dígamelo Ud.
    3. Pídala Ud.
    4. Lávenlos Uds.
    5. Búscalo.
    6. Prepáramela.
    7. Véndelos.
    8. No lo lea Ud.
    9. No los sirvan Uds.
   10. No la saque Ud.
   11. No la pongas en la mesa.
   12. No se lo dé Ud. (a él)

29. 1. Preparémosla.
    2. Vendámoslas.
    3. Escribámosle a él.
    4. Digámosselo.
    5. Hagámoslo.
    6. Devolvámosselos.

30. 1. Sí, levantémonos.
       No, no nos levantemos.

2. Sí, lavémonos la cara.
No, no nos lavemos la cara.
3. Sí, preparémonos.
No, no nos preparemos.
4. Sí, quitémonos la corbata.
No, no nos quitemos la corbata.
5. Sí, vistámonos.
No, no nos vistamos.
6. Sí, peinémonos.
No, no nos peinemos.

31. 1. me, e
2. me, en
3. nos, a
4. nos, an
5. te, an
6. te, a
7. le, a
8. le, an
9. les, a
10. les, e

32. 1. Sí, me gusta la música.
2. Sí, me gustan las ensaladas.
3. Sí, a Juan le gusta estudiar.
4. Sí, a María le gustan los estudios.
5. Sí, nos gusta el plan.
6. Sí, nos gustan las noticias.
7. Sí, les gusta la langosta.
8. Sí, les gustan las legumbres.

33. 1. Nos gusta la música.
2. Le gustan las lenguas.
3. Les gusta el proyecto.
4. Te gustan los programas.
5. A Elena le gusta el arte moderno.
6. Les gustan los conciertos.
7. Nos gusta la ópera.
8. Me gustan los zapatos italianos.

34. 1. Me falta papel.
2. Nos falta el libro.
3. Les falta tiempo.
4. Te falta trabajo.
5. (A él) le falta paciencia.
6. Me faltan los billetes.

35. 1. me
2. nos
3. te
4. se
5. se
6. se
7. nos
8. se
9. te
10. me
11. se
12. nos
13. se

36. 1. A mí se me escapó la palabra exacta.
2. A nosotros se nos olvidó el billete.
3. A mí se me olvidaron los planes.
4. ¿A Ud. se le robó el dinero?
5. Al niño se le cayeron los juguetes.
6. A ti se te fue la idea, ¿no?
7. A ellos se les notó cierto acento.
8. A María se le perdió la llave.
9. ¿A ti se te rompió la pierna?
10. A las chicas se les salieron las lágrimas.

37. 1. María lo compro para él.
2. Ellos no hablaban de mí.
3. ¿Fuiste sin ellas?
4. Ellos quieren ir conmigo.
5. Ella está pensando en nosotros.
6. ¿Por qué no habla María con Ud.?
7. Para ellos, no es importante.
8. Ella vive cerca de Uds., ¿no?
9. El regalo es para Ud.
10. Juan no quiere hacerlo sin ellas.

38. 1. El estudió conmigo.
2. El habló conmigo.
3. El salió conmigo.
4. El lo discutió conmigo.
5. El fue contigo.
6. El llegó contigo.
7. El volvió contigo.
8. El salió contigo.

39. 1. Tengo la mía.
2. La tuya saca mejores fotos que la mía.
3. Yo tengo los míos pero Carlos no sabe dónde están los suyos.
4. Carlos busca las suyas y las mías.
5. Hemos vendido la nuestra pero no vamos a comprar la tuya.
6. ¿Dónde está el tuyo? El mío está en el parqueo.
7. María prefiere el nuestro.
8. ¿Tiene Ud. el suyo o el mío?
9. Los nuestros no están con los tuyos ahora.
10. Este paquete es (el) mío, el otro es (el) tuyo.
11. La nuestra es más pequeña que la suya.
12. Estas son (las) mías. ¿Dónde están las tuyas?

40. 1. ésa
2. éstas
3. aquél
4. ésta
5. aquéllas
6. éstos, ésos, aquéllos
7. ésta
8. aquéllos

41. *All answers are* que.

42. 1. La salsa que está a la derecha es elegante.
2. La revista que leo es argentina.
3. El tren en que hicimos el viaje era viejo.
4. El médico que vimos anoche es famoso.
5. La señora que entró es poeta.
6. El cuadro que tú tienes vale mucho.
7. La blusa que compró María era bonita.
8. La película que vimos es americana.

43. 1. El médico a quien llamamos vino en seguida.
 2. El señor a quien vimos acaba de llegar de Madrid.
 3. El niño a quien oímos estaba enfermo.
 4. Los amigos a quienes espero no han llegado.
 5. La chica a quien vimos anoche es actriz.
 6. Los estudiantes a quienes invitamos son extranjeros.

44. 1. quien
 2. que
 3. quien
 4. que
 5. quien
 6. quien

45. 1. El que habló con el presidente fue don Pedro.
 2. La que salió primero fue la señora González.
 3. Los que vinieron en avión fueron mis primos.
 4. La que bailará el fandango es mi prima.
 5. El que pagará los sueldos es el dueño.
 6. Los que resolverán el problema son los directores.
 7. La que me invitó a la fiesta fue Carlota.
 8. Las que estarán aquí son mis tías.

46. 1. la cual (la que)
 2. la cual (la que)
 3. las cuales (las que)
 4. el cual (el que)
 5. los cuales (los que)
 6. la cual (la que)

47. 1. Lo que dice es la verdad.
 2. Lo que voy a vender es la casa.
 3. Lo que quiero es hacer un viaje.
 4. Lo que quieren es más libertad.
 5. Lo que me sorprende es su proyecto.
 6. Lo que necesitamos es otro coche.

48. 1. cuyo
 2. cuyo
 3. cuya
 4. cuyo
 5. cuyas
 6. cuyas

Chapter 7

1. 1. Venezuela es una república latinoamericana.
 2. Carlos es estudiante.
 3. Nosotros somos profesores.
 4. El perro es un animal doméstico.
 5. El oro es un metal precioso.
 6. El señor González es ingeniero.
 7. Ellos son dentistas.
 8. Madrid es la capital de España.

2. 1. es
 2. es
 3. es
 4. es
 5. son
 6. son
 7. somos
 8. son

3. 1. está
 2. está
 3. estoy
 4. están
 5. están
 6. está
 7. está
 8. están

4. 1. es
 2. está
 3. son
 4. están
 5. está
 6. son
 7. están, son
 8. está, es, es
 9. soy, está, está
 10. es, está

5. 1. Yo soy de _____ .
 2. Mi padre es de _____ .
 3. Mi madre es de _____ .
 4. Mi casa es de _____ .
 5. Mi casa está en _____ .
 6. Yo estoy en _____ .
 7. Y soy de _____ y ahora estoy en _____ .
 8. Mi escuela está en _____ .
 9. Mi profesor(a) de español es de _____ .

6. 1. El concierto es a las ocho.
 2. La fiesta será el viernes.
 3. El baile es en la sala principal.
 4. La película es hoy.

7. 1. es (será)
 2. será
 3. será
 4. está
 5. está
 6. es (será)
 7. será
 8. estaremos

8. 1. es
 2. es
 3. es
 4. es
 5. es
 6. son
 7. es
 8. es
 9. es
 10. es

9. 1. está
 2. están
 3. está
 4. están
 5. está
 6. está
 7. está
 8. estás

10. 1. es
 2. está
 3. es
 4. está
 5. está
 6. está
 7. estás
 8. eres
 9. estás
 10. es
 11. está
 12. es
 13. es, está
 14. está
 15. está

11. 1. estoy
 2. son
 3. está
 4. es
 5. está, está
 6. es
 7. estoy
 8. es

12. 1. está   4. está
     2. está   5. está
     3. están

13. 1. es   11. estoy
     2. está   12. son
     3. es   13. es, está
     4. está   14. es, estoy
     5. están, son   15. es
     6. está   16. está
     7. está   17. es
     8. es   18. es, está
     9. está   19. está
    10. es   20. está

14. 1. son   7. está
     2. están   8. está
     3. es   9. es
     4. es   10. está
     5. está, estaba   11. están
     6. es   12. es

Chapter 8

1.   1. para   11. por
     2. por   12. para
     3. por   13. por
     4. para   14. por
     5. por   15. por
     6. Para   16. para
     7. por   17. para
     8. por   18. para
     9. para   19. por
    10. por   20. por, para

2.   1. por   6. por
     2. para   7. por
     3. por   8. por
     4. por   9. por
     5. para   10. para

3.   1. para   4. por
     2. por   5. por
     3. para   6. para

4.   1. para
     2. para *(if he is getting ready to)*
        por *(if he is annoyed and wants to)*
     3. para
     4. por

5.   1. por   6. por
     2. para   7. por
     3. por   8. por
     4. por   9. para
     5. por   10. por

6.   1. para   9. por
     2. por   10. para
     3. por   11. por
     4. por   12. para
     5. para   13. por
     6. por   14. para
     7. para   15. por
     8. por

Chapter 9

1.   1. acabo de
     2. acaban de
     3. acabamos de
     4. acabas de

2.   1. *nothing*
     2. de
     3. por
     4. por
     5. de

3.   1. No me acuerdo de
     2. No nos acordamos de
     3. acordarme de
     4. No se acuerdan Uds. de
     5. No se acuerdan de

4.   1. van
     2. van
     3. andan
     4. anda
     5. vamos
     6. vas
     7. anda
     8. voy
     9. vámonos
    10. voy

5.   1. cuida de (a)
     2. se cuida
     3. se cuida de
     4. cuidan de (a)

6.   1. dio
     2. dí (doy) por
     3. da a
     4. dio con
     5. dio a
     6. dar

7.   1. Dan (dieron) las cinco.
     2. ¿Qué más da?
     3. Me da igual (lo mismo).

8.   1. dejé
     2. dejaste
     3. dejamos

4. dejé
5. dejó de
6. dejé de

9. *All answers are* hace.

10. 1. se hizo
2. llegó a ser
3. se puso
4. se volvió
5. se hizo
6. se volvió
7. se hizo
8. se puso

11. 1. toca
2. juegan
3. jugamos
4. tocar
5. juegan (al)
6. jugar

12. 1. del
2. en
3. del
4. en
5. en, del

13. 1. pones
2. se puso a
3. pones
4. se puso

14. 1. queda
2. quedar *or* quedarnos
3. quédese
4. quedamos en
5. quedarse

15. 1. conocemos
2. sé
3. saben
4. conozco
5. sabe
6. conoce

7. conoce
8. conoce, sé

16. 1. sabe a
2. sabe a

17. 1. sirve para
2. sirve para
3. sirve de
4. sirve de
5. se sirve del
6. sírvase

18. 1. tenemos
2. tiene
3. tengo
4. tiene
5. tenemos
6. tienen

19. 1. Tengo que
2. ¿Qué tiene Ud.?
3. tenemos que
4. tiene que ver
5. aquí tienes

20. 1. vuelven
2. devuelves (devolverás)
3. envuelve
4. vuelvo
5. envuelves
6. devuelve (devolvió)
7. volvemos
8. vuelve

21. 1. Ellos vuelven a leer la novela.
2. Ella vuelve a dar la conferencia.
3. El vuelve a mandar el telegrama.
4. No volvemos a verlo.
5. Ellos vuelven a visitarnos.

22. 1. El se desmayó pero volvió en sí en seguida.
2. Yo me desmayé después del accidente. Volví en mí en la ambulancia.

Verb Charts

REGULAR VERBS

Infinitive	**hablar**	**comer**	**vivir**
	to speak	*to eat*	*to live*
Present Participle	hablando	comiendo	viviendo
Past Participle	hablado	comido	vivido

Simple Tenses

INDICATIVE

Present	hablo	como	vivo
	hablas	comes	vives
	habla	come	vive
	hablamos	comemos	vivimos
	habláis	coméis	vivís
	hablan	comen	viven
Imperfect	hablaba	comía	vivía
	hablabas	comías	vivías
	hablaba	comía	vivía
	hablábamos	comíamos	vivíamos
	hablabais	comíais	vivíais
	hablaban	comían	vivían
Preterite	hablé	comí	viví
	hablaste	comiste	viviste
	habló	comió	vivió
	hablamos	comimos	vivimos
	hablasteis	comisteis	vivisteis
	hablaron	comieron	vivieron
Future	hablaré	comeré	viviré
	hablarás	comerás	vivirás
	hablará	comerá	vivirá
	hablaremos	comeremos	viviremos
	hablaréis	comeréis	viviréis
	hablarán	comerán	vivirán
Conditional	hablaría	comería	viviría
	hablarías	comerías	vivirías

hablaría	comería	viviría
hablaríamos	comeríamos	viviríamos
hablaríais	comeríais	viviríais
hablarían	comerían	vivirían

SUBJUNCTIVE

Present

hable	coma	viva
hables	comas	vivas
hable	coma	viva
hablemos	comamos	vivamos
habléis	comáis	viváis
hablen	coman	vivan

Past

hablara	comiera	viviera
hablaras	comieras	vivieras
hablara	comiera	viviera
habláramos	comiéramos	viviéramos
hablarais	comierais	vivierais
hablaran	comieran	vivieran

Compound Tenses

INDICATIVE

Present Perfect

he			
has			
ha			
hemos	hablado	comido	vivido
habéis			
han			

Pluperfect

había			
habías			
había			
habíamos	hablado	comido	vivido
habíais			
habían			

Future Perfect

habré			
habrás			
habrá			
habremos	hablado	comido	vivido
habréis			
habrán			

Conditional Perfect

habría			
habrías			
habría			
habríamos	hablado	comido	vivido
habríais			
habrían			

SUBJUNCTIVE

Present Perfect	haya hayas haya hayamos hayáis hayan	hablado	comido	vivido
Pluperfect	hubiera hubieras hubiera hubiéramos hubierais hubieran	hablado	comido	vivido

---

Direct Commands

INFORMAL
(Tú and Vosotros Forms)

Affirmative	habla (tú) hablad	come (tú) comed	vive (tú) vivid
Negative	no hables no habléis	no comas no comáis	no vivas no viváis
FORMAL	hable Ud. hablen Uds.	coma Ud. coman Uds.	viva Ud. vivan Uds.

STEM-CHANGING VERBS

First Class

	-ar verbs		-er verbs	
	e → ie	o → ue	e → ie	o → ue
Infinitive	**sentar**[1] *to seat*	**contar**[2] *to tell*	**perder**[3] *to lose*	**soler**[4] *to be accustomed*
Present Participle	sentando	contando	perdiendo	soliendo
Past Participle	sentado	contado	perdido	solido

[1] *Cerrar, comenzar, despertar, empezar*, and *pensar* are similar.

[2] *Acordar, acostar, almorzar, apostar, colgar, costar, encontrar, jugar, mostrar, probar, recordar, rogar,* and *volar* are similar.

[3] *Defender* and *entender* are similar.

[4] *Disolver, doler, envolver, llover,* and *volver* are similar.

INDICATIVE

Present

siento	cuento	pierdo	suelo
sientas	cuentas	pierdes	sueles
sienta	cuenta	pierde	suele
sentamos	contamos	perdemos	solemos
sentáis	contáis	perdéis	soléis
sientan	cuentan	pierden	suelen

SUBJUNCTIVE

Present

siente	cuente	pierda	suela
sientes	cuentes	pierdas	suelas
siente	cuente	pierda	suela
sentemos	contemos	perdamos	solamos
sentéis	contéis	perdáis	soláis
sienten	cuenten	pierdan	suelan

Second and Third Classes

---

	second class		third class
	e → ie, i	o → ue, u	e → i, i
Infinitive	**sentir**[5]	**morir**[6]	**pedir**[7]
	to regret	*to die*	*to ask for, request*
Present Participle	sintiendo	muriendo	pidiendo
Past Participle	sentido	muerto	pedido

INDICATIVE

Present	siento	muero	pido
	sientes	mueres	pides
	siente	muere	pide
	sentimos	morimos	pedimos
	sentís	morís	pedís
	sienten	mueren	piden

Preterite	sentí	morí	pedí
	sentiste	moriste	pediste
	sintió	murió	pidió
	sentimos	morimos	pedimos
	sentisteis	moristeis	pedisteis
	sintieron	murieron	pidieron

---

[5] *Mentir, preferir*, and *sugerir* are similar.

[6] *Dormir* is similar; however, the past participle is regular—*dormido*.

[7] *Conseguir, despedir, elegir, freír, perseguir, reír, sonreír, repetir*, and *seguir* are similar. Past participle of *freír* is *frito*.

SUBJUNCTIVE

Present	sienta	muera	pida
	sientas	mueras	pidas
	sienta	muera	pida
	sintamos	muramos	pidamos
	sintáis	muráis	pidáis
	sientan	mueran	pidan

Imperfect	sintiera	muriera	pidiera
	sintieras	murieras	pidieras
	sintiera	muriera	pidiera
	sintiéramos	muriéramos	pidiéramos
	sintierais	murierais	pidierais
	sintieran	murieran	pidieran

IRREGULAR VERBS

andar *to walk, to go*

Preterite	anduve, anduviste, anduvo, anduvimos, anduvisteis, anduvieron

caber *to fit*

Present	quepo, cabes, cabe, cabemos, cabéis, caben
Preterite	cupe, cupiste, cupo, cupimos, cupisteis, cupieron
Future	cabré, cabrás, cabrá, cabremos, cabréis, cabrán
Conditional	cabría, cabrías, cabría, cabríamos, cabríais, cabrían

caer[8] *to fall*

Present	caigo, caes, cae, caemos, caéis, caen

conocer *to know, to be acquainted with*

Present	conozco, conoces, conoce, conocemos, conocéis, conocen

dar *to give*

Present	doy, das, da, damos, dais, dan
Present Subjunctive	dé, des, dé, demos, deis, den
Preterite	di, diste, dio, dimos, disteis, dieron

decir *to say, to tell*

Present Participle	diciendo
Past Participle	dicho
Present	digo, dices, dice, decimos, decís, dicen
Preterite	dije, dijiste, dijo, dijimos, dijisteis, dijeron
Future	diré, dirás, dirá, diremos, diréis, dirán
Conditional	diría, dirías, diría, diríamos, diríais, dirían
Direct Command (tú)	di

[8] Spelling changes are found in the present participle—*cayendo*; past participle—*caído*; and preterite—*caí, caíste, cayó, caímos, caísteis, cayeron.*

estar   *to be*
Present   estoy, estás, está, estamos, estáis, están
Present Subjunctive   esté, estés, esté, estemos, estéis, estén
Preterite   estuve, estuviste, estuvo, estuvimos, estuvisteis, estuvieron

haber   *to have*
Present   he, has, ha, hemos, habéis, han
Present Subjunctive   haya, hayas, haya, hayamos, hayáis, hayan
Preterite   hube, hubiste, hubo, hubimos, hubisteis, hubieron
Future   habré, habrás, habrá, habremos, habréis, habrán
Conditional   habría, habrías, habría, habríamos, habríais, habrían

hacer   *to do, to make*
Past Participle   hecho
Present   hago, haces, hace, hacemos, hacéis, hacen
Preterite   hice, hiciste, hizo, hicimos, hicisteis, hicieron
Future   haré, harás, hará, haremos, haréis, harán
Conditional   haría, harías, haría, haríamos, haríais, harían
Direct Command (tú)   haz

incluir[9]   *to include*
Present   incluyo, incluyes, incluye, incluimos, incluís, incluyen

ir[10]   *to go*
Present   voy, vas, va, vamos, vais, van
Present Subjunctive   vaya, vayas, vaya, vayamos, vayáis, vayan
Imperfect   iba, ibas, iba, íbamos, ibais, iban
Preterite   fui, fuiste, fue, fuimos, fuisteis, fueron
Direct Command (tú)   ve

oír[11]   *to hear*
Present   oigo, oyes, oye, oímos, oís, oyen

poder   *to be able*
Present Participle   pudiendo
Preterite   pude, pudiste, pudo, pudimos, pudisteis, pudieron
Future   podré, podrás, podrá, podremos, podréis, podrán
Conditional   podría, podrías, podría, podríamos, podríais, podrían

poner   *to put, to place*
Past Participle   puesto
Present   pongo, pones, pone, ponemos, ponéis, ponen
Preterite   puse, pusiste, puso, pusimos, pusisteis, pusieron
Future   pondré, pondrás, pondrá, pondremos, pondréis, pondrán
Conditional   pondría, pondrías, pondría, pondríamos, pondríais, pondrían
Direct Command (tú)   pon

---

[9] Spelling changes are found in the present participle—*incluyendo*; and preterite—
   incluyó, incluyeron. Similar are *atribuir, constituir, contribuir, distribuir, fluir, huir, influir,* and *sustituir.*

[10] A spelling change is found in the present participle—*yendo.*

[11] Spelling changes are found in the present participle—*oyendo*; past participle—*oído*;
   and preterite—*oí, oíste, oyó, oímos, oísteis, oyeron.*

producir *to produce*
Present   produzco, produces, produce, producimos, producís, producen
Preterite   produje, produjiste, produjo, produjimos, produjisteis, produjeron

querer *to wish, to want*
Preterite   quise, quisiste, quiso, quisimos, quisisteis, quisieron
Future   querré, querrás, querrá, querremos, querréis, querrán
Conditional   querría, querrías, querría, querríamos, querríais, querrían

saber *to know*
Present   sé, sabes, sabe, sabemos, sabéis, saben
Present Subjunctive sepa, sepas, sepa, sepamos, sepáis, sepan
Preterite   supe, supiste, supo, supimos, supisteis, supieron
Future   sabré, sabrás, sabrá, sabremos, sabréis, sabrán
Conditional   sabría, sabrías, sabría, sabríamos, sabríais, sabrían

salir *to leave, to go out*
Present   salgo, sales, sale, salimos, salís, salen
Future   saldré, saldrás, saldrá, saldremos, saldrís, saldrán
Conditional   saldría, saldrías, saldría, saldríamos, saldríais, saldrían
Direct Command (tú) sal

ser *to be*
Present   soy, eres, es, somos, sois, son
Present Subjunctive sea, seas, sea, seamos, seáis, sean
Imperfect   era, eras, era, éramos, erais, eran
Preterite   fui, fuiste, fue, fuimos, fuisteis, fueron
Direct Command (tú) sé

tener *to have*
Present   tengo, tienes, tiene, tenemos, tenéis, tienen
Preterite   tuve, tuviste, tuvo, tuvimos, tuvisteis, tuvieron
Future   tendré, tendrás, tendrá, tendremos, tendréis, tendrán
Conditional   tendría, tendrías, tendría, tendríamos, tendríais, tendrían
Direct Command (tú) ten

traer[12] *to bring*
Present   traigo, traes, trae, traemos, traéis, traen
Preterite   traje, trajiste, trajo, trajimos, trajisteis, trajeron

valer *to be worth*
Present   valgo, vales, vale, valemos, valéis, valen
Future   valdré, valdrás, valdrá, valdremos, valdréis, valdrán
Conditional   valdría, valdrías, valdría, valdríamos, valdríais, valdrían

venir *to come*
Present Participle viniendo
Present   vengo, vienes, viene, venimos, venís, vienen

---

[12] Spelling changes are found in the present participle—*trayendo*; and the past participle—*traído*.

Preterite	vine, viniste, vino, vinimos, vinisteis, vinieron
Future	vendré, vendrás, vendrá, vendremos, vendréis, vendrán
Conditional	vendría, vendrías, vendría, vendríamos, vendríais, vendrían
Direct Command (tú)	ven

ver[13] *to see*

Past Participle	visto
Present	veo, ves, ve, vemos, veis, ven
Imperfect	veía, veías, veía, veíamos, veíais, veían

[13] Spelling changes are found in the preterite—*vi, vio*.

New from McGraw-Hill
Schaum's Foreign Language Series!

These books provide the everyday vocabulary you need to survive in real-life situations. Progress from one proficiency level to the next by studying the vocabulary presented in the recurring themes which appear in each book (e.g., directions for travel, receiving emergency medical care, ordering food in a restaurant). The audio cassettes provide useful drills and exercises for developing effective pronunciation and listening skills.

COMMUNICATING IN SPANISH Novice
Order code 056642-9/$8.95 WITH CASSETTE 911016-9/$14.95

COMMUNICATING IN FRENCH Novice
Order code 056645-3/$8.95 WITH CASSETTE 911018-5/$14.95

COMMUNICATING IN SPANISH Intermediate
Order code 056643-7/$8.95 WITH CASSETTE 911017-7/$14.95

COMMUNICATING IN FRENCH Intermediate
Order code 056646-1/$8.95 WITH CASSETTE 911019-3/$14.95

COMMUNICATING IN SPANISH Advanced
Order code 056644-5/$8.95

COMMUNICATING IN FRENCH Advanced
Order code 056647-x/$8.95

COMMUNICATING IN GERMAN Novice
Order code 056934-7/$9.95

COMMUNICATING IN GERMAN Intermediate
Order code 056938-X/$9.95 (Available 10/93)

COMMUNICATING IN GERMAN Advanced
Order code 056941-X/$9.95 (Available 1/94)

The books in this series teach the practical Spanish or French needed to read or communicate effectively in your major field of study or profession. Each topic is presented at the equivalent of the third semester of language study at the college level.

BUSINESS AND MARKETING
COMERCIO Y MARKETING
Order code 056807-3/$10.95
COMMERCE ET MARKETING
Order code 056811-1/$10.95

LAW AND CRIMINOLOGY
DERECHO Y CRIMINOLOGÍA
Order code 056804-9/$11.95
DROIT ET CRIMINOLOGIE
Order code 056808-1/$11.95 (Available 1994)

FINANCE AND ACCOUNTING
FINANZAS Y CONTABILIDAD
Order code 056806-5/$10.95
FINANCE ET COMPTABILITÉ
Order code 056810-3/$10.95

ECONOMICS AND FINANCE
ECONOMÍA Y FINANZAS
Order code 056824-3/$9.95
ÉCONOMIE ET FINANCE
Order code 056825-1/$9.95

MEDICINE AND HEALTH SERVICES
MEDICINA Y SERVICIOS MÉDICOS
Order code 056805-7/$11.95
MÉDECINE ET SOINS MÉDICAUX
Order code 056809-x/$11.95

SOCIOLOGY AND SOCIAL SERVICES
SOCIOLOGÍA Y SERVICIOS SOCIALES
Order code 056817-0/$10.95
SOCIOLOGIE ET SERVICES SOCIAUX
Order code 056821-9/$10.95 (Available 3/93)

EDUCATION AND THE SCHOOL
EDUCACIÓN Y DOCENCIA
Order code 056818-9/$10.95
ÉDUCATION ET ENSEIGNEMENT
Order code 056822-7/$10.95 (Available 1994)

TOURISM AND HOTEL MANAGEMENT
TURISMO Y HOSTELERÍA
Order code 056816-2/$10.95
TOURISME ET HÔTELLERIE
Order code 056820-0/$10.95 (Available 3/93)

POLITICAL SCIENCE AND INTERNATIONAL RELATIONS
CIENCIA POLÍTICA Y RELACIONES INTERNACIONALES
Order code 056819-7/$10.95
SCIENCES POLITIQUES ET RELATIONS INTERNACIONALES
Order code 056823-5/$10.95 (Available 1994)

ASK FOR THESE TITLES AT YOUR LOCAL BOOKSTORE!

If they are not available, mail the following coupon to McGraw-Hill, Inc.

ORDER CODE	TITLE	QUANTITY	$ AMOUNT
_____	_____	_____	_____
_____	_____	_____	_____
_____	_____	_____	_____

LOCAL SALES TAX _____

$1.25 SHIPPING/HANDLING _____

TOTAL _____

NAME _____
(please print)

ADDRESS _____
(no P.O. boxes please)

CITY _____ STATE _____ ZIP _____

ENCLOSED IS ⌐ A CHECK ⌐ MASTERCARD ⌐ VISA ⌐ AMEX (✓ one)

ACCOUNT # _____ EXP. DATE _____

SIGNATURE _____

PRICES SUBJECT TO CHANGE WITHOUT NOTICE AND MAY VARY OUTSIDE U.S.
FOR THIS INFORMATION, WRITE TO THE ADDRESS ABOVE OR CALL THE 800 NUMBER.

Make checks payable to
McGraw-Hill, Inc.

Mail with coupon to:
McGraw-Hill, Inc.
Order Processing S-1
Princeton Road
Hightstown, NJ 08520

or call 1-800-338-3987